NEČISTA KRV

Borisav Stanković

Copyright © 2020 books.meraleap.com

All rights reserved.

ISBN: 978-1-7774851-1-5

SADRŽAJ

I	1
II	12
III	18
IV	23
V	32
VI	45
VII	52
VIII	59
IX	63
X	67
XI	76
XII	84
XIII	89
XIV	94
XV	97
XVI	107
XVII	112
XVIII	116
XIX	121
XX	127
XXI	133
XXII	136
XXIII	139
XXIV	142
XXV	149
XXVI	151
XXVII	157
XXVIII	161
XXIX	163
XXX	166
XXXI	170
XXXII	172
XXXIII	175

I

Više se znalo i pričalo o njenim čukundedima i pramdedama nego o njima samim: o ocu joj, materi, pa čak i o njoj — Sofki.

Njihova je kuća bila stara. Izgleda, da od kada je varoš počela postajati, da je i ta njihova kuća već tada bila tu. Cela rodbina iz nje je proizišla. Od uvek same bi vladike, prilikom velikih praznika, posle službe, prvo kod njih dolazili na čestitanje, pa tek onda išli u druge kuće, takođe stare i čuvene. U crkvi imali su svoj sto, a na groblju svoje grobove. Grobovi sve od mramora a jednako, i danju i noću sa zapaljenim kandilima.

Ne zna se koji je od predaka baš samu kuću podigao, ali se znalo da su od vajkada bili tako bogati. I tek za hadži-Trifuna, od koga se oni počeli i hadžijama zvati, znalo se da je on prvi imao smelosti da, posle svoga hadžiluka, sve to bogatstvo, koje do tada ležalo skriveno i nagomilano po podrumima, ambarima i štalama, iznese, rasporedi i uzdigne, da bi mogao „svet da gleda". Sazidao je kapiju na svod i jaku kao grad. Gornji sprat kuće podigao, okrečio ga i išarao rezbarijama. Sobe je raskošno iskitio najskupocenijim ćilimima, i starim i skupim slikama iz Peći, Svete Gore i Rila; po rafovima poređao srebrne sahane i zlatne zarfove. Dole, do kapije, utvrdio binjiš od mramora, sa koga je uzjahivao na svoje čuvene konje. A on uvek, kako se pamtilo, i leti i zimi, ogrnut bio ćurkom, sa silavom, pištoljima i jataganima i u teškim jakim čizmama do kolena. Od tada Turčin, zaptija, nije smeo pored kuće proći, još manje da zastane. Cele noći ispred kapije morao je da gori fenjer i po tri i četiri noćna stražara da dremaju, jer je on, taj Sofkin pramded, hadži Trifun, trgujući po najvećim gradovima i mešajući se sa najviđenijim ljudima, mogao, usled toga poznanstva a najviše zbog svoga bogatstva, ne samo zaptije, kajmakame, nego i same paše da menja i u „surgun" da šalje. Za svaki narodni posao, bilo za kakvu novu školu i crkvu, ili za kakav manastir koji je trebalo podići, opraviti; ili, još gore i opasnije, ako bi trebalo krvnika, nasilnika smeniti, znalo se da se za to mora k njemu doći. I tada bi se gore, u onoj nameštenoj sobi, videlo kako prvi ljudi iz varoši celu noć presede dogovarajući se, a naposletku uvek njemu ostavljaju da to izvrši, kako on hoće i nađe za dobro. On bi to brzo izvršivao. Mitom, čime se najviše i uspevalo, a ako ni to ne, onda čak i kuršumom, i to od čoveka tuđe vere, kakvog Arnautina, kačaka. Ali zato je onda moralo zlatno kandilo njihove kuće pred raspećem u crkvi jednako da gori, a onaj sto, odmah do vladičinog, samo njihov da je, i niko sem njih ne sme u nj da uđe i odstoji službu. Sirotinji i ljudima po zatvorima, za vreme Uskrsa, Božića ili slave, tri dana moralo se slati jelo i piće.

Bio je strog i prek. Trepet ne samo za kuću nego i za celu porodicu. Čivčijama, slugama sa čivluka iz Rataja i vodeničarima sa vodenica u Sobini, on je bio sve i sva. Čak je neke, pričalo se, i ubijao. Za sve vreme dok bi on putovao po Turskoj, po trgovini, a obično bi se celog leta tamo bavio — on bi se ovamo po rodbini jednako pominjao i njime se zastrašivalo. Osobito udovice, čiji sinovi tek što nastali, pa mesto da preduzmu i počnu voditi brigu o kući, da zamene oca, domaćina, a oni počeli trošiti i rasipati — osobito su one te svoje sinove jednako njime, „batom svojim", kako su ga svi u rodbini zvali, zastrašivale i pretile im:

— Hajde, hajde, znaš ti, doći će on. Juče sam bila tamo i rekoše mi: tek što se nije vratio s puta. I neću ja više da drhtim i da strepim pred njim zbog tebe; neću više da lažem i da te krijem. Neću i ne mogu da, kad odem do njega, a on da se na mene iskolačuje: „Šta ti, mori, kriješ onoga tvoga?... Zar ja ne znam i ne čujem šta on radi, gde se lunja i koliko troši. Glavu ću mu kao vrapcu otkinuti. Ni ti ni on niti iko od vas na oči da mi ne izađete". I, eto, zato neću i ne mogu da te krijem, da posle on mene tako grdi. I sve ću da mu kažem, čim dođe, videćeš ti! — završile su.

I to je pomagalo, zastrašivalo, jer znalo se šta čeka toga. I zaista, čim bi on došao s puta, odmah bi se cela rodbina sticala: žene, tetke, strine. Muževi kao da nisu smeli prvoga dana preda nj, a znali su da će on, šta bi za njih imao, preko tih njihovih žena poručiti im i narediti.

Svaka bi odlazila gore, na gornji sprat, i na onaj doksat, gde bi on obično sedeo. Ponizno, sa strahom, ne smejući od veličine — jer takav im je veliki i strašan izgledao — ni da ga pogledaju, pozdravljale bi ga: — Dođe li, bato? — Dođoh, — kratko, sa dosadom, čulo bi se kako on odgovara. A već kad bi koju naročito po imenu pozvao gore k sebi, ona bi premirala. Znalo se da on nikoju, kad po imenu zove, ne zove za kakvo dobro. Sigurno muž njen nešto skrivio. Ili novac, što je uzajmio od njega za radnju, nije vratio; ili nije ga ni uložio u radnju, već ga slagao i za nešto drugo potrošio. Ali, i pored sve te njegove strogosti, opet i najsirotija i najudaljenija u rodbini nije bila zaboravljena, jer je svakoj donosio sa tih putovanja kakav poklon i svaku ma čime obradovao.

    Mnogo nije govorio nikada. Ali što bi rekao, to je bilo rečeno. I tada se pamtile i upotrebljavale njegove reči i izreke. „Eh, tako je to i to, što rekao pokojni hadži Trifun". I kada ne bi bio na putu, on bi jednako sedeo kod kuće: leti gore na doksatu, — a zimi dole, u onoj velikoj, širokoj sobi. Ceo bi dan tamo samo sedeo, pušio, pio kafu i naređivao.

    Ali pored svega, što je uvek moralo da bude kako bi on hteo, ipak sa sinom, jedincem, nikako nije mogao da iziđe na kraj. Kćeri je već udao i udomio, kako je on hteo. Ali sa sinom, koji mu se rodio dockan, kada je on već bio ostareo, kada se već niko nije ni nadao da će imati dece a još manje sina, naslednika — on je dakle bio poslednje dete, „istrišče" — kada je ovaj odrastao, nikako sa njime nije mogao da se slaže. On, sin, kao u inat, nikako nije hteo da mu ide po volji. A ko zna zašto? — mislio je starac. Da li što već, onako star, nije više mogao ići po trgovini, te, valjda, ne donoseći i ne zarađujući više, nema onaj ugled kao pre; ili, a to je najviše jedilo starca, sigurno je bilo koga koji je na to sina protiv njega potpomagao, jačao. Sigurno je to bila ona, mati, jer zna on da, dok nije sina rodila, ona se živa nije čula. Istina, ni tada, sa sinom, nije smela da mu se na očigled protivi, ne izvrši što bi joj naredio, ali, osećao je on, kako je ipak ona nekako drukčija. Izgleda kao da, dosadivši joj se naposletku taj večiti strah, trepet od njega, manula ga i ostavila, da i dalje naređuje, zapoveda i grdi sluge i čivčije, a ona se sva okrenula sinu i jednako njega samo pazi. Sa sinom je izlazila i išla po rodbini, kod kćeri, i onda, svi skupa, išli bi po čivlucima, slavama, saborima i po ostaloj rodbini. I sve, i sestre i mati, utrkivale se koja će što više da mu ugodi. Što god bi uradio, učinio, za njih je bilo sveto. Nisu mogle zamisliti da bi on mogao, ili što bi i učinio, da je to nešto ružno i nevaljalo. A starac, više ljubomoran, a i videći kako sin, zbog tih njinih ulagivanja oko njega, biva sve više nežan nego što treba, jednako se na sina durio. Nije mogao da ga gleda, kako je govorio. A da i njega kao i druge bije, nije mogao, jer ga je i on mnogo voleo. Istina, to nikada nije kazao, čak, kada bi se ovaj i razboleo, starac nije hteo da siđe da ga vidi, ali ipak da i na njega, kao na ostale, sluge i čivčije, digne ruku — to nije mogao.

NEČISTA KRV

A još kada je sin počeo jednako samo sa Turcima i begovima da se druži, s njima da pije, pa čak i u njihove hareme da odlazi i sa njihovim devojkama i bulama da ašikuje, starac se počeo obezumljivati:

— Ako mu je do toga — besneo je — zna i za to hadži Trifun. I on je nekada bio mlad. Ali onda, eto mu čivluci i u njima seljanke, čivčike. A što u Turkinje, u neveru? Jer kod njih, bula, pošto po četiri njih samo jednog muža imaju, to im je vrela i meka krv. Piju one čoveka! I zato objašnjavao je starac i on sam, sin mu, takav je, bled, suv i tanak; više žensko no muško. I zato on ne može ni da ga gleda, niti će ga pogledati!

A kada bi, i posle tolikih grdnja i psovki, čuo kako je opet sa nekim begovima negde načinio kakav lom i čudo, i u zoru kući došao on tada ne bi zvao njega, sina, već nju, mater.

— Ču li za onoga?

Ona, ma da je čula za to, ipak bi se činila nevešta

— Šta?

— Kako šta? planuo bi starac i već bi počeo izuvati cipele kojima će je gađati — kako ništa nisi čula? Gde si? Živiš li? Kako ništa? Zar ja što ne silazim dole, pa misliš ništa ne čujem i ne vidiš? Koje doba beše jutros kada on dođe? A?

— Ama koje doba — iščuđavala bi se ona uporno. — Dete rano dođe, leže, i eno ga još spava.

On već ne bi mogao da izdrži. Cipelom ili čibukom bacio bi se za njom:

— Ajd', bar i tebe da ne gledam! — I od jeda zavaljivao bi se na jastuk. Ne toliko tada ljut i besan na njega, sina, koliko na nju, na tu njenu tobož toliku ljubav prema njemu, te zato, što ga bajagi toliko voli, jednako laže za nj i ovoliko ga uporno brani, kao da ga samo ona voli, kao da je samo njen sin, i samo mu ona dobro želi.

A zna kada je noćas došao. Čuo ga je. Samo je jedan put lupnuo alkom, a ona, mati, odmah iz kuće istrčala, sigurno nije nikako ni spavala, čekajući ga. Čak nije dala momku, koji je kao uvek naoružan iza kapije spavao, da kapiju otvori, već odbijajući ga od kapije, rekla:

— Nemoj ti. Ti kada otvaraš, mnogo lupaš, i probudiš onoga tamo gore, staroga.

A međutim on, stari, zna da nije zbog toga što njega žali, da bi se on tom lupom probudio, uznemirio, rasterao mu se san; nego zbog toga da ne bi čuo kako njen sin u zoru, i u nedoba dolazi.

I večito u toj kao svađi, grdnji i neslaganju sa sinom, tako starac i umro. Čak, kao u inat njima, a najviše svojoj ženi, kada se razboleo, nije hteo da kaže, da se potuži, već jednako ležao gore, na doksatu od kuće, i samo opštio sa slugama, te ga tako jednog dana tamo zatekli i mrtvog.

I od tad, od smrti hadži-Trifunove, u njihovoj kući znalo se samo za onaj život, izobilan, uvučen i pun raskoši, sa lepim ženama i raskošnim odelima, a još raskošnijim jelima i slatkišima. Jedna furundžinica, koja bi samo za njihovu kuću pekla, mogla je od njih da se izdržava, toliko se mesilo i peklo. I nikad se iz njihove kuće nije čula, kao iz ostalog komšiluka, svađa, boj, ili piska dece. Čak se niko nije mogao pohvaliti da je mogao čuti da se kod njih kakva ružna reč izgovorila glasno. I što je bivalo svađe, nesuglasice pa i smrtnih slučajeva, sve se to svršavalo u tišini. Jednako se gledalo da se živi što tiše, lepše i u što većem izobilju: da su sobe jednako okićene i što toplije, ututkani je, nameštene; da po kući, po dvorištu šušte meke ženske haline; da se viđaju lica bela, nežna, očuvana i negovana. Oko kuće jednako se dokupljivali susedni placevi i ambarevi. Štale, što su bile isprva odmah do kuće, sve su se dalje iza kuće pomicale u krajeve, da se prilikom donošenja hrane, žita, ne bi remetio kućni mir i raskoš. A oko kuće se opet bašta jednako proširivala, punila najlepšim i najboljim drvećem: šamdudima, trešnjama i višnjama, i raznovrsnim kalemljenim skupocenim ružama, a osobito niskim jabukama do zemlje sa nežnim plodovima, koje su samo po nekoliko zrna godišnje rađale.

Ženske su imale samo da se što lepše nose, kite, i da znaju što više stranih jela da gotove, i što teže, zapletenije vezove da vezu. Ali opet, ipak da im je jedino glavno da što više svoju lepotu i snagu neguju, da su što belje, što strasnije. I cilj života da im je taj: koja će od njih, jednako negujući se i ulepšavajući, moći svojom silnom lepotom sve ostale ženske iza sebe baciti, a sve muške po kući — ne gledajući ni rod, ni doba — osvojiti i zaluditi.

Tako i muški; i oni su živeli nekim „njihovim životom". Nigde ih nije bilo. Ma da im je magaza bila gore, u glavnoj čaršiji, i u njoj se uveliko držala so i konoplja, ona je više služila za obračunavanje sa čivčijama i davanje pod zakup zemlje, nego za trgovinu. Pa i u toj magazi nikad niko od njih nije bio, već uvek njihov glavni momak. Još manje ih je bilo na čivlucima i vinogradima. Jedino što su odlazili u čivluk kod Donjeg Vranja. Ali tamo se išlo više šetnje radi. Taj čivluk bio je na puškomet daleko i čovek se mogao, naročito leti i s jeseni, tako tiho i sveže odmarati u njemu. Bio je usamljen, iza polja, sa kulom u dubini zelenila, a okružen svuda zidovima i redovima visokih topola, koje su večito šuštale uspavljujući. Za taj čivluk, naročito za tu kulu, tolike su priče i bajke bile vezivane i govorene. I jedino na tom čivluku što bi se ko od njihovih muških mogao videti, a inače nigde, jer i njihov se sav život sastojao samo u raskošnom nošenju odela i neprekidnom trudu da se što duže živi. Zato ih uvek i bilo po okolnim banjama, gde su se oporavljali od neuredna života, da bi se posle mogli prilikom prve gozbe, slave, večere, što više najesti i napiti. Kad bi počela da se približava slava njihove kuće, „Sveti Đurđic", onda na dve nedelje unapred nastalo bi spremanje. Videlo bi se kako iz cele rodbine, a obično sirotnije tetke i strine, dolaze da tu i spavaju, da bi mogle jednako raditi, pomažući da se što više namesi, spremi i udesi. Po tri puta bi se neki kolači mesili, koji ne bi ispali kao što treba. O pranju, ribanju, nameštanju i kićenju soba po nekoliko bi se dana dogovaralo. Odelo, počev od najmanjeg deteta pa do najstarijeg, sve bi se iznova krojilo. Čak bi se prepravljalo odelo i slugama, naročito sluškinjama, kojih je uvek bilo po nekoliko i to većinom iz njihovih čivluka. Njima bi se tada davale, ne stare haljine, već samo tek nekoliko puta nošene, koje su bile ili bojom ili krojem izišle iz nošnje. Sve se to unapred spremalo i znalo šta sve mora biti, samo da je na dan slave sve onako kao što treba, jer se znalo da kod njih mora biti najlepše, te da se gosti, kad dođu, moraju zaprepašćivati, i da se posle po čitave mesece priča i jednako održava: prvo, onaj uzvik međ ženskim svetom: „ao, što kod hadži-Trifunovih beše na slavi!" a drugo, među muškima po čaršiji, kako, kao uvek, posle slave produžilo se veselje i piće u onom čivluku u Donjem Vranju. I tamo, zatvoreni, u društvu čuvenih Grka, Cincara i prvih begova, Turaka, koje zbog vere nisu mogli primati kod kuće, pravili čitav lom. Dovodili čočeke iz Skoplja, metere, zurlaše iz Masurice, i Ciganke i to ne prave, ove iz varoši, iz ciganske male, nego tako zvane Đorgovke, naseljenje po okolnim velikim selima i hanovima na drumu, a čuvene sa svojih krtih, toplih tela i razbludnih očiju. I onda bi otuda, iz čivluka, gde su bili zatvoreni sa sviračima, koje nameste u drugu sobu, da ne bi mogli gledati šta oni rade, po nekoliko dana dopirao ovamo u varoš pucanj pušaka i videlo se bacanje raketli. Posle, u potaji, u poverenju, pričalo bi se kako je k njima jedne noći bila došla čuvena Saveta, koja nije bila obična, svakidašnja, za novac ženska. Ona je bila bogata, sa grdnim imanjem, što joj je muž ostavio. I za nju bi se onda pričalo kako je, istina krišom, i ona tada kod njih bila i sa njima bančila i pila. I zatim, kako se to celo veselje posle slave svršavalo strašnom kockom na kojoj su, po običaju, oni, njihni muški, kao domaćini, sveta i običaja radi, po čitave njive i vinograde gubili.

I u tome je bio jedini život tih njihovih muških, jer ceo ostali život, život na ulici, po komšiluku i čaršiji, trgovini, prodaji, ne samo da je bio daleko od njih, nego su se i oni sami sve više trudili da bude što dalje od njih. Jednako su se upinjali da sa tom svojom kućom, imanjima i čivlucima budu od cele varoši što izdvojeniji i udaljeniji. I baš u tom upinjanju da se od svih izdvoje, izgleda da su nalazili svu draž svoga života. A da bi u tome što više uspeli, gledali su da se u svima sitnicama od ostaloga sveta razlikuju. Tako, u jelima, koja kod njih nisu nikada smela, kao kod ostalih, biti jako zapržavana, masna, preljuta, već uvek blaga, slatka, i pržena samo na maslu; nikako svinjskom mašću, pošto je to teško za stomak; pa onda, u načinu govora, jer usled jednakog druženja sa Grcima, Cincarima i Turcima, svi su, pokraj stranog mekog izgovora, završavali rečenice sa naročitim dodacima, kao „džan'm" ili „datim". A po nošnji, oblačenju najviše su se poznavali. Niko od njih nije poneo duboke cipele ili čizme već uvek plitke, lakovane. Čakšire, istina, i njihne su bile široke, čohane koje su im ostrag u borama teško padale, ali nogavice nikad nisu bile dugačke, još manje široke i ispunjene gajtanima, već uske, kratke, da bi im se što više videle bele čarape. Brojanice, koje su nosili, nisu bile kao ostale, čak ni kao hadžijske, sa krstom, već sitne, crne, skupocene, da bi se, ma koliko bile dugačke, ipak mogle sve u šaku da skupe. I u brijanju i šišanju kose izdvajali su se. Kaogod što su svi imali isti izraz lica večito uzak, suv, tako su isto svi bili i sa jednako kratkim, potkresivanim brkovima, koji im nikada nisu prelazili iza krajeva usta.

A opet, da ih ne bi svet sasvim zaboravio, redovno su se pojavljivali na saborima i svečanostima. Slali su bogate priloge za zidanje škola i crkava. I zato uvek, pri izboru patronata nad crkvom, nad kakvim opštim dobrom, biran je i po jedan član iz njihove kuće, i to ne toliko zbog njihovog učešća i rada, koliko zbog tih poklona i priloga. A i bojali se da ih ne uvrede, jer se znalo da, kad slučajno, i u najmanjem kakvom opštem poslu, ne bi ko od njih bio izabran, da bi se ta nepažnja primila ovamo od njih ne sa ogorčenošću nego s uvređenom ravnodušnošću: „Pa zna se da se nema kome učiniti ni pomagati."

I valjda zbog toga spoljnjeg, neblagodarnog sveta, od koga su se oni toliko odvajali, bežali, ali kojega su se toliko isto i bojali, jer je, usled zavisti, taj svet uvek gotov da se podsmene, siti i zazloraduje, — znalo se: da oni, od uvek, što, god bi se desilo u njihnoj rodbini sve brižljivo kriju i taje. Najveće svađe prilikom deobe imanja, najgore strasti i navike, kao i bolesti, u tajnosti su se čuvale. Ništa se nije smelo doznati, ništa videti. I znalo se kako bi tada svaki od njih, ne verujući samom sebi, kad baš mora da izlazi u čaršiju, pre izlaska prvo morao ići na ogledalo, da se ogleda i vidi da mu se slučajno po licu i očima što ne poznaje.

A međutim toliko je imalo da se čuje, vidi i priča! Naročito u poslednje vreme, od kada je počela deoba, od kada je svaki brat, stric Sofkin, hteo da ima svoju kuću i sve u njoj, kao što je u glavnoj njihovoj.

Sama Sofka uvek se sa jezom i strahom sećala toga što je, ili još kao i dete, od svoje babe, matere i ostalih tetaka i strina mogla da načuje, kad su one bile nasamo i mislile da ih niko neće čuti, još manje se bojale da će to Sofka, onako mala, razumeti, a kamo li upamtiti; ili, što je i sama, kad je odrasla, svojim očima videla.

Već za prambabu joj, za čuvenu Conu, ne samo po varoši, nego i po okolnim varošima znalo se i pričalo. Čuvena je bila sa svoje raskoši i „saltanatluka". Pošto je ostala udovica, nikako se nije udavala. Pola varoši neženjeno ostalo, nadajući se da će se preudati ma za koga od njih, kad već ostari i malo popusti lepotom. Ali ona nikoga nije gledala, nego jednako vodila i predstavljala kuću kao pravo muško. Kada bi izlazila i odlazila na čivluke, da nadgleda imanja, išla bi na konju. Sluge, s obe strane držeći ruke na sapima, pratile su je. Ne samo da je pušila, već i oružjem rukovala. A i sam hod, stas, naročito oble joj i visoke obrve i ovalno i malo duguljasto lice izdvajalo je od ostalih žena.

Ali zato nije ni umrla kao ostale ženske. Jednako, ne propuštajući nijedan praznik, odlazila je u crkvu, da tamo, u stolu njihove kuće, odmah ispod vladičinog stola, celu božju službu odstoji. U to vreme došao neki nov učitelj, Nikolča, čuven sa svoga pevanja i nesravnjenog glasa. U njega se ona tu, u crkvi, slušajući njegovo pevanje, naposletku i zagledala.

Ko zna kako se upoznali, kako i gde sastajali. Tek se počelo primećivati kako, čim bi on iz pevnice opazio da je ona u svome stolu, odmah bi onda njegovo pevanje toliko postajalo zanosno, toliko i on u svoj glas počeo da unosi, ne, kao što dolikuje molitvi, svetoj reči pesme, pobožnog, visokog i suvog nego toliko nečega svetskoga, i strasnoga, da bi svi bivali potreseni i uzrujani. Čak čulo bi se kako i sam vladika, kada bi mu posle pevanja prilazio ruci za blagoslov, blagosiljajući ga, govori:

— Aferim, sinko! Aferim, Nikolčo! Ali mnogo, sinko, svetovno, mnogo silan i čudan glas!

Ali isto onako kako je umela da sačuva od sveta te svoje veze sa njim, tu ljubav, gotovo zadocnelu za njene godine, ali ne i za njenu lepotu i svežinu, isto je tako znala, kada se to htelo da obelodani porođajem, sve da zataji.

Kratko i mirno sa sobom je svršila. Jednoga dana našli je u kupatilu mrtvu, sa presečenim žilama.

Pa čuveni deda Sofkin, Kavarola. Mesto da on, kao stariji, jednako sedi kod kuće, pošto je mlađi brat bio večito bolešljiv, i ma da se bio oženio prvom lepoticom iz Skoplja, iz neke upola grčke familije, ipak on, jedva izdržavši nekoliko meseca bračnoga života, produži tobož svoja putovanja po varošima, a u stvari svoj stari raspusnički život sa čočecima, Cigankama i drugim javnim svetom. Žena njegova morala je sama kod kuće da sedi I tog svog devera da dvori, neguje, čuva i jednako da je s njime. Na saborima, slavama sa njime morala da se pojavljuje. I ko zna kada, kako, tek izgleda da je s njime počela grešiti.

I jedino taj njen greh sa umobolnim deverom mogao je da objasni posle onoliko trpljenje i podnošenje od muža, Kavarole. On, sigurno osetivši taj njen greh, kad bi došao kući, toliko bi besneo, činio čuda, pokore.

Dolazio bi kući zajedno sa javnim ženskinjem. Tu bi produžavao, a ona bi sama morala da ih dvori, služi. I tada bi sluge brata, već onesveslog od straha, krišom iznosili i sklanjali u komšiluk, da ga ne bi zaklao. Žena bi ostala da sama prostire postelju, pa čak dotle je išlo da i njega, i te ženske, zajedno, pokriva. Nije laž. Živi ljudi još to pričaju i kunu se. Naskoro žena umrla, brat u manastiru, Svetom Ocu Prohoru, umobolan svršio. A on opet otišao na ta svoja putovanja i lutanja. Kćeri, s pomoću stričeva i rodbine, mesto njega vodile kuću. A i on sam morao više puta u godini da dolazi, da ne bi sve to palo u oči i sve se saznalo.

Ali nije ostajalo samo na tome. Produžavajući i dalje terevenke Kavarola pod starost, pošto udao kćeri, na sramotu svih, ponovo se oženio. Uzeo devojku. I kao u neki inat, kao da se prvi put ženi, tako veliku i sjajnu svadbu pravio. Uzeo istina malo stariju, zaostalu, ali čuvenu sa svoje raskošne lepote. I ona opet bila neka Grkinja, iz grčke familije, koja je bila u samoj varoši, odmah ispod crkve. Ona toj familiji nije bila ni kćer, ni sestra, već neka dalja rođaka. I ko zna zašto je, već kao velika, zaostala devojka, tu dovedena. Sa njome imao samo jedno dete, sina, koji se prvi počeo da nosi a-la-franga. Sama ona i sva njena raskošna lepota izgleda da je bila i trajala samo do venčanja, svadbe, a posle odmah usahla, sparušila se. I otuda posle, da bi i dalje sačuvala tu svoju sparuškanu lepotu, ceo život provela u lečenju, negovanju, kupanju i prženju tela... Pamti se da iz amama gotovo nije izbijala.

Pa onda Sofkinog dede rođena sestra, ,,čal'k Naza," kako su je zvali. Tri puta bežala kao devojka. Tri puta se turčila. Gotovo jedan čivluk otišao otkupljujući je i dovodeći natrag. I posle, da se sve to sakrije, udali je za jednog njihovog slugu, kome gore, gotovo nakraj varoši, kupili kućicu i dali mu nekoliko njiva i vinograda, da bi mogli živeti. I ona, kada ostarela, nikada ovamo više nije dolazila. Jedino bi došla na „pročku," uoči velikog posta, kada bi po običaju cela porodica morala da dođe i ište oproštaja, da se među sobom ljube i mire. A opet taj njen muž, nekadašnji sluga, „tetin njihov", kako se sâm zvao, iz kuće im nikako nije izbijao. Ponosio se što im je rod, što može i on sa njima za sofrom da jede i pije. A svima je bio neugodan, svi su ga nerado gledali, ne što je sa njima sedao, nego što ih je podsećao i bio živ svedok onoga šta je bilo...

I onda sve gore i gore stvari. Toliko umobolnih, uzetih, toliko rađanje dece sa otvorenim ranama, umiranje u najboljim godinama, večito dolaženje čuvenih ećima, lekara, babicâ, toliko bajanje, posipanje raznim vodama, vođenje kod vračara po razvalinama, po zapisima i drugim lekovitim mestima po okolini!...

Sofki i sada, kad god bi se setila ludog tetina Riste, meso bi nekom odurnošću zaigralo. Seća se da zbog toga kao devojčica nikada nije volela ići k njima, još manje, kao kod drugih, po dva i tri dana tamo ostati.

Ne zna se baš zašto je poludeo. Posle bolesti, u kojoj bio sav uzet, uobrazivši da ga je, za vreme te njegove duge bolesti, žena varala sa najstarijim kalfom iz radnje, počeo da pije. Onda i poludeo. Držali su ga i hranili vezanog, gore, na gornjem spratu. I kad god bi Sofka sa ostalom decom htela iz radoznalosti da ode gore i vidi ga, pa penjući se na stepenice počeli da vire kroz rešetke od ograde na doksatu, ispred njegove sobe, on primetivši ih, go, samo u gaćama i košulji, visok, bled, počeo bi k njima da podskakuje i viče:

— Oh, Marija kurva!

I vezanih nogu, u belim, novim čarapama, jednako podskakujući, nastavljao bi:

— Oh, oh!... kurva Marija!...

Tetka, čuvši, brzo bi istrčala. Njih, decu, odjurila bi, a njega silom uvukla natrag u njegovu sobu. Noću bilo bi još gore. Sofka, pokrivena jorganom sa ostalom decom, koja, naviknuta, odavno bi zaspala, ne bi nikako mogla da zaspi, jer bi jednako dopiralo do nje odozgo, kroz tavanicu, njegovo pocupkivanje. Pa tek, kada bi tetka otišla, da ga leči! Sofka nije tačno znala u čemu je bilo to lečenje, samo bi se onda jasno čulo njegovo jaukanje i vriskanje:

— Vodice, mori! Vodice, veštice! Umreh za slatku vodu! Auh!

I užasan krik, šum, odupiranje, vezivanje za krevet. I onda tetkino dolaženje otuda, njena zamorenost, malaksalost. I raskomoćavajući se u svojoj postelji da legne, ono njeno krštenje i uzdisanje i moljenje:

— Uzimaj, Gospode! Oslobođavaj, Gospode!

II

Zato Sofka nikada nije volela da o tim svojim pretcima misli, jer je znala da bi uvek tada po tri i više dana, čisto kao krijući se od same sebe, išla po kući bolesna.

Svoga rođenog dedu i babu jedva kao kroza san pamti. Babin lik uvek joj je malo jasniji. Večito je sedela dole u sobi i to uvek leđima poduprta o zidove kupatila, kao da je i leti htela da ih greje i pari. Šiljasta nosa, šiljaste brade, ali za čudo visoka čela i krupnih, tako dubokih i tajanstvenih očiju, sa jasno izvedenim do na kraj čela dugačkim obrvama i gustim kao sen trepavicama. Što je najgore, ona je svom mužu, Sofkinom dedi, padala kao neka rođaka, istina ne po krvi, po ocu i materi, ali ipak po nekom stricu. Grdan je novac morao da dâ dok se venčali. I posle, kao zato što se tako blizak rod uzeli, govorilo se da je ona uvek bila povezane glave, koja ju je od tada jednako bolela, i od koje se je ona jednako lečila, a najviše ljutom, prepečenom rakijom. Deda je zvao svojom „majčicom" i gotovo je na rukama nosio.

A dedu pamti samo po jednom. Čim Sofka poodrasla, umela sama da jede i sedi za sofrom, on, deda, naredio da i ispred nje na sofri, kao i pred njim i pred ostalim članovima porodice, stoji napunjen satljik vina. Samo ga po tom pamti, a više ništa. A posle su joj pričali: kako — kad Sofkin otac odrastao i, kao što je red i kao što dolikuje kući, toliko bogatoj, otišao, pored Soluna, čak u Carigrad, da što više putuje i uči taj njen deda i baba tada nikako nisu bili kod kuće. Ostavljajući momku Tonetu magazu gore u čaršiji a kuću Magdi, sluškinji, koju su još detetom uzeli i lepo je udomili, jednako su bili na čivlucima. Tamo se hranili od čivčija, da bi se samo mogao što više Sofkinom ocu, efendi-Miti, novac da šalje, te da on što bezbrižnije živi, uči i što više nauči.

I zaista, kada se Sofkin otac vratio, bio je prvi „efendi", gospodin. Lepšega u varoši nije bilo. Lepše turski, grčki i arapski govorio nego svoj maternji jezik. Za sve je bio tuđin i stran, naročito za toliku rodbinu. Istina, govorio bi pokatkad i zdravio se s kojim od njih, ali više običaja radi nego što je hteo. Čak ni sa ocem i materom, tek po koji put. Nije ni jeo sa njima dole, u prizemnoj sobi. Gore, u gostinskoj sobi, moralo da mu se postavlja i naročito za nega da se kuva, toliki je bio probirač. Jedino što ga zagrejavalo, čime se ponosio, bilo je to što ga zbog te njegove učenosti a i otmenosti počeli prvi begovi i paše da pozivaju. I to ne oni stari begovi, begovi samo po bogastvu, već ovi drugi, koji su, pored bogastva, isto tako bili školovani i naučeni kao i on sam i koji su u poslednje vreme počeli ovamo da dolaze i da bivaju postavljani za medžlise i za sudove. Oni ga prizivali k sebi, družili se s njime. Prilikom suđenja, na savetovanjima, bivao je on, kao tumač, kao neka veza između njih i naroda kome je trebalo da ovi sude i zapovedaju. Čak su ga na svoje gozbe zvali, u svoje kuće primali, kao što je i on njima vraćao te gozbe i dočeke, ali koji su luksuznošću i naročitim retkostima morali prevazilaziti te njihove. Tako isto on je bio najbolji i najmerodavniji ocenjivač ženskinja koje bi begovi dovodili za sebe.

Docnije, kada je trebalo da se ženi, pošto već nije bilo u varoši, kao pre, onako bogatih devojaka iz prvih kuća, nego je ostajalo: ili da sa velikim mirazom uzme kakvu seljanku, jer jedino još sa sela su pristajale da, donoseći sa sobom imanja, dođu u varoš i u ovakve stare kuće; ili da probira i uzme lepu, ali gotovu sirotu.

I on je ovo drugo izabrao. Sofkina mati je bila najmlađa od svih sestara, i kuća njena bila je istina nekad malo bogata, ali tada dosta oronula. Živeli su od kirije od nekoliko oronulih dućančića pri kraju varoši. Sofkine matere otac, večito bolešljiv, gotovo slep, jednako je sedeo kod kuće sa navučenom modrom hartijom nad oči, bojeći se sunčanice, i večito raspasan, iznegovan, kao da se tek sada iz postelje digao. Njene sestre odavna to nekadašnje bogastvo prežalile i poudavale se za sitne trgovce, bakale, većinom skorotečnike, dok se Sofkina mati, Todora, od svih tih sestara odvajala. Bila više muško nego žensko. Vižljasta, suva i crnomanjasta. I niko se nije mogao nadati da će iz nje kakva lepota izići. Ali ne prevarilo to njega, efendi-Mitu. Čim je takvu video, odmah, znajući u kakvu će se lepoticu docnije razviti, na iznenađenje i čudo svima, a najviše na uštrb dotadanje svoje gordosti i gospodstva, uzeo je za ženu. I zaista, nije se prevario. Kao iz vode, posle godinu dana udadbe, Todora se razvila i prolepšala u prvu lepotu.

Ali njega to brzo zasitilo, te opet nastavio svoj stari način života. Kao i pre, kada je bio neženjen, moralo se njemu isto tako gore, odvojeno, nositi, i ručak i večera. Retko je silazio među njih, još ređe se sa njima razgovarao a kamo li da je hteo štogod po kući da vidi, nadgleda. A docnije, kad mu žena rodila Sofku, morala je sasvim da se odvoji od njega i da spava dole, sa svekrom i svekrvom, samo da bi on mogao što odvojeniji i mirniji da bude. A opet uvek, čim bi mu se ukazala prva prilika, gledao je što pre da ode na kakav put, tobož po trgovinu. Istina, tada već nisu, i to zbog oskudice u novcu, trajala dugo ta njegova putovanja, ali ipak su bila česta. A najviše su padala u ona doba godišnja kada je nekada, još kao mlad, išao na ta putovanja i nauke. I čak za vreme tih putovanja umrli mu otac i mati, Sofkin deda i baba. I kao da ga glasnik nije mogao na vreme naći, kada se to desilo, te nije mogao stići, da ih bar vidi mrtve.

Ali pored sve te njegove odvojenosti i usamljenosti od kuće, od rodbine, pa čak i od svoje žene, u kući se ipak živelo isto onako raskošno i u izobilju. Sofkina se mati, večito zahvalna što je on nju uzeo, uzvisio je k sebi, pokaza, više nego što su se od nje nadali. Kao da je bila iz prve i najbogatije kuće, tako je nameštala sobe, tako gotovila jela, dočekivala goste i rodbinu. I dalje se cela rodbina tu skupljala, dolazila. Ona, mati joj, gledala je da prilikom svakog praznika, slave, imen-dana bude uvek sve lepše i raskošnije. A na njegovu tu večitu odvojenost, usamljenost od svih pa i od same nje, svoje žene, nikada ona čak ni izrazom lica, pokretom, a kamo li rečju, da štogod pokaza.

Tek docnije, kada Sofka poodraste, on je više radi nje, Sofke, nego radi matere, počeo se kao raznežavati, i po neki put prilaziti k njima. Sam je počeo Sofku učiti da čita i da piše. Pokatkad u veče, kad bi dolazio kući, a dole, ispred kujne, među materom i međ ostalim ženama, bila i Sofka, i kad bi mu ona poletela u susret, on bi onda, grleći je, dolazio sa njom. Sofka bi tada osećala po svojim obrazima njegove ruke, prste, kako je šašolje oko vrata, po bradici i po grguravoj kosici. I sada, kada se toga seti, Sofka bi počela da oseća onaj miris njegovih prstiju, suvih, nežnih i pri krajevima malo smežuranih, miris njegova odela i naročito rukava, iz kojega se ta njegova ruka pomaljala i nju grlila i k sebi privlačila.

— Pa kako si mi, Sofkine? Jesi bila dobra? — saginjući se k njoj tako raspoložen, zastajao bi sa Sofkom ispred kujne i počeo da se ili sa materom razgovara ili sa ostalim ženama zdravi, a ne, kao do tada, da i ne zastajkujući i ne gledajući ni ko je tu, a kamo li zdraveći se, odmah se penje, ide pravo gore, u svoju sobu.

Svi bi se tada oslobodili, a naročito mati joj, koja jedva dočekujući tu priliku da se i ona sa njim, najviše radi ostalih žena, štogod razgovara, šali, počela bi tobož Sofku kod njega da panjka:

— Dobra! Celo jutro juri i trči kroz baštu. Ne mogu da je zadržim. Samo kida cveće i baca.

Sofka, jednako osećajući na sebi njegovu ruku i grleći mu kolena i široke čohane čakšire, i tada još, onako mala, pa je već znala da će to ma- teri činiti radost i sreću, mazeći se oko oca, počela bi da odriče i da se pravda:

— Nije, efendijice, nije, tatice! Nije, živ mi ti!

On, uzimajući je u naručja, nosio bi je sobom, gore, u onu njegovu sobu.

I ako bi tada počeo da pada mrak, dole kod matere niko od posetilaca ne ostao, on bi onda počeo sa njome da se igra.

A najviše bi, mećući je na minderluk, klečeći ispred nje, uzeo njene ručice da obvija oko svoga vrata, svoju glavu da meće u njen skut i da je gleda nekim tako širokim, čudnim i dubokim pogledom. Kao da mu iz samih očiju suze idu, usta počnu da se pokreću i vlaže se. Nikako ne može da je se nagleda, jednako kao u Sofkinim očima i ustima nalazeći i sećajući se nečega. Ko zna čega? Da li nečega neprežaljenog i nenađenog? Da li što ovako lepa Sofka nije muško, njegov naslednik? Da li što ga njene tanke usnice, detinje ali crne oči i malo, tamno čelo, sa već dugom kosom, podsećaju na mater, na onakvu kakvu je prvi put video, prvi put se njome zaneo?

Noseći je na rukama po sobi, grleći je, govorio bi:

— Sofkice!... Tatina Sofkice!

I sve bi je jače grlio, tako da se Sofka i sada seća njegove skoro izbrijane brade, koja bi je tada počela po licu da grebe.

I ako sve to njegovo iznenadno raspoloženje, ta bujnost, ne bi bila prekinuta slučajnim dolaskom nekoga ili ma čim drugim, onda bi i mater k sebi zvao. Tada bi zajedno večeravali, zajedno sedeli gore, u njegovoj sobi. I Sofka ne pamti slađe večere od tih.

I sutra nastali bi tako isti srećniji dani. Kolima bi odlazili u Donje Vranje na čivluk. Ali niko više sem njih troje i Magde.

U kolima, na prvo mesto sedao bi on. I kao svakada, izvaljen na sedištu, sa jednom nogom opruženom i po njoj opuštenom rukom, obučen u čohano odelo, ali ne kao ostali, već u nekom naročitom za njega kroju. Čakšire malo uske, bez gajtanâ, jer su one lakše a skuplje staju zbog težeg šivenja. Suva, duguljasta, malo koščata lica ali svagda stegnuta izraza očiju i usta i sa malo visokim čelom i jednom po njemu nabranom, poprečnom borom, ispod kose. Ispod čela su bile njegove uvek umorne, uvek upola otvorene oči. Onom drugom rukom držao bi Sofku na kolenu, a ona bi bila tada okićena i obučena kao već velika devojka. Cela kosa bila joj povezana, svi zuluvčići izvučeni oko čela i ušiju, a pretrpana mintanima i nakitima. Sproću njih sedela bi mati. Ona, sigurno okupavši se za ovaj izlet, bila sva rumena i svetla. Njene oči, one njene čuvene, krupne oči sa izvedenim obrvama i vrelim jagodicama, tako bi joj se sjale a usta srećno igrala.

Kola bi silazila naniže. Ulazila bi u onaj prolaz, uzan i pritešnjen zasađenim vrbama i iskopanim jendecima, ali zato pun svežine. Onda bi izlazila i išla ka onoj ravnici, podjednako ravnoj zbog zasađenog kukuruza i duvana. Tada bi se sve brže primicali. Magda gore, kod kočijaša, usred korpi i zavežljaja sa jelima i pitama, već ne bi mogla da izdrži a da se ne zdravi i razgovara sa seljacima prolaznicima i radnicima. U ostalom, ona je jedina i odgovarala na njihove pozdrave, pošto on, efendi Mita, sa Sofkom u krilu, zavaljen, nije gledao ni u koga već jedino u ono svoje ispruženo koleno naročito u svoje lakovane, plitke, i to duple, prave turske cipele. Ili je bar tako izgledalo da samo u to gleda, da ne bi valjda primećivao te pozdrave i morao na njih odgovarati.

U čivluku, ograđenom zidom i topolama, odmah do reke, punom svežine i hlada, čak i zime usred leta, proveli bi nekoliko dana. Otac bi bio ceo dan dole, u bašti, izvaljen na jastucima, opkoljen tacnama duvana i šoljama od ispijenih kafa. Mati gore, na kuli, sva srećna, jednako je bila na prozorima od sobe, koje tobož vetri i paje. Magda večito u svađi sa čivčijama i slugama, što joj ne donose kako treba iz sela maslo, sir i piliće, da se večera ne zadocni. U veče večeravali bi uz piće, koje bi se u reci hladilo, i uz ono noćno, izdvojenije i jače žuborenje reke, klaparanje vodenica, a više njihnih glava jednoliko, kao iz daleka, šuštanje topola, njihovog gustog, sočnog lišća. Posle, dok bi mati nameštala gore postelje, otac bi ostajao da pijući leškari.

A često, isprva tiho, za sebe, docnije jače i glasno, počeo bi da peva. Pa se tek zanese, počne na sav glas. Mati ne sme da ga prekida. Samo ga otud, iz obasjane sobe, sluša. Sofka po materinom licu vidi da ona reči u pesmi ne razume, strane su joj, ali se vidi koliko ih oseća, kako od sreće, razdraganosti čisto treperi i otvorenih usta guta odozdo njegov glas, koji se sve više počinje da razleva po bašti, reci i topolama tako čudno, strasno i toplo.

Docnije, kada bi mislio da je Sofka već zaspala, dolazio bi i on gore sa još nepopijenim vinom u stakletu i produžavao pesmu. Mater metao na krilo, rasplitavao joj kose i jednako pevajući grlio bi je i ljubio u lice i usta.

Kroz nekoliko dana vraćali bi se kući. Otac istina kao umoren, kao povučen u sebe, ali zato mati presrećna. Ne bi mogla Sofke da se nagrli i da je se naljubi, jer eto njoj, svome detetu, Sofki, ima da zablagodari što joj se opet vratio on, njen muž i njegova ljubav.

III

Posle dođe rat, i oslobođenje, nestanak turske vlasti i gospodstva, pa i nestanak Sofkinog oca, efendi-Mite. Sa Turcima i begovima i on prebegao, i tamo u Turskoj počeo da se bavi, tobož trgujući s njima. Retko bi otuda ovamo prelazio. I što je Sofka bivala veća, on je sve ređe dolazno; u godini dana jedan put i to obično noću. Ostane po dva i tri dana, ali nikuda iz kuće ne izlazi. Čak i najbližu rodbinu, stričeve i tetke, ne prima.

I Sofka se seća da su ti dani bili najgori. Jer posle svakog njegovog ponovnog odlaska u Tursku, mati bi joj po nekoliko dana išla slomljena i ubijena, a to sve zato što je jedino ona sve znala. Znala je da on tamo nema nikakve trgovine niti kakve poslove, još manje da odlazi zato što tobož ne može da se odvikne od mešanja i druženja sa tim begovima i Turcima, već da je u stvari sasvim nešto drugo.

I onda bar nju ne treba da laže, bar pred njom ne treba da se pretvara. Znala je ona da on beži iz straha od sirotinje, koja će, ako nije već, a ono sigurno doći, kao što je znala da im još odavna, i pre oslobođenja, imanje a naročito čivluci i vodenice nisu kao što treba. Istina, jednako su se zvali njihovim, ali berićet se nije, kao nekada, dovlačio sav; već jedva nešto, ko zna koji deo. Više je izgledalo da je to od njihovih seljaka, čivčija, kao neki poklon i dar, nego li napolica. A već arende i zakupi od vodenice toliko su unapred i ko zna za koliko godina uzeti i toliko zamršeni, da je to bilo gore nego i sama prodaja. Ali o prodaji osobito njemu, efendi-Miti, nije se smelo pomenuti. Voleo je i pristajao na sto puta gore pozajmice, uzimanje novca pod interese od zelenaša, nego da se ma šta proda i otuđi. Pa i ta uzajmljivanja, zalaganje imanja, morala su biti ispod ruke, u najvećoj tajnosti. Kao uvek, sve je to izvršivao Tone, njihov glavni momak, koji je još pod dedom Sofkinim bio doveden sa sela. On se posle toliko izvežbao u računima da je, kao njihov zastupnik, jednako gore u čaršiji, u njihovoj magazi sedeo. On je sa seljacima i čivčijama ugovarao, davao imanja pod zakup i arende, kao što je i novaca uzimao u ime njihove kuće. I već je tada, kako se šaputalo, pored svoga gotovog novca, imao svoju kuću, a od njih, svojih gazda, od četir i više godina nepodignut ajluk. Ali on je i bio sve i sva, osobito kod Sofkina oca. Nikada ga ovaj nije pitao od koga je uzeo novac, koje imanje za to založio i pod kojim uslovima. On, Tone, imao je samo da njemu donese novac i da to niko ne dozna a sve ostalo bilo je sporedno.

Ali posle oslobođenja došli su sudovi i parnice. Naročito kada se moralo sa seljacima i čivčijama da raščišćuje, da se zna čija je zemlja: da li gazdina i turska, da li njihova. Tada se videlo da im, posle svega, od njihovog imanja neće ostati ništa. A što je najgore bilo za Sofkina oca, još će pored svega morati da ide pred sudove i tamo on, efendi Mita, da se zaklinje, svađa i to s kim? — sa svojim do skora slugama! Zato je od svega digao ruke. A mogao je, samo da je hteo, ne priznati ni jednom svome čivčiji da je šta od njega uzimao, kao što su druge gazde i učinile, te ponovo došle do već proćerdanog i prodatog imanja.

— Eh, zar da me seljački hleb kune i suza njihova proklinje? — gorko, velikodušno je odbijao od sebe.

Ali tako isto nije hteo niti smeo da dočeka ni ono drugo — otuđivanje, prodaju imanja, i obelodanjivanje svega što bi moralo da nastane. Zato je, odmah po oslobođenju, i on sa ostalim begovima i Turcima otišao i prebegao u Tursku, ostavivši Tonetu da, kako zna i kako hoće, on to svršava i raspravlja. I Tone je sa advokatima, kojima se tada, posle oslobođenja, sva varoš napunila, i koji su čak i na mamuzama napoleone nosili, sve lepo uredio i prečistio, tako da ništa nije ostalo. Ostalo je samo nekoliko njiva i vinograda, i to njive udaljene, a vinogradi zaparloženi. Od vinove loze ni traga, do samo goli i račvasti kestenovi. Jedina njiva, što ostala a vredela, bila je do Morave, do mosta, kad se ide u Banju.

I kada je Tone došao da to sve kaže Sofkinoj materi, ona, po njegovom licu, izrazu i treptanju očima, videla koliko je on pri tome ukrao, nagrabio se. I to on, njihov sluga, koga oni odnegovali i podigli na noge! Ono malo novaca, što joj počeo da broji, htela u lice da mu baci. Ali zar ona, Todora, pred njime da se pokaže! Jedino, kada Tone, praštajući se od nje i kao tražeći blagoslova i izvinjavajući se što sad mora da ih ostavi i preduzme svoj dućan, trgovinu na svoje ime, jedva tad, toliko je glas gušio, što mu odgovorila:

— Ako, ako, Tone!

— Pa, snaške, kako ja više nisam kod vas... — A da beše sreće, ja do smrti nisam mislio da napuštam vašu kuću. — Eh, zar vašu kuću ko da napusti?!... Ali iako više nisam, opet, uvek, kad god ti što zatrebam, samo pošlji, javi, i tu sam ja da učinim, poslušam.

— Dobro, dobro.

I ne mogući da izdrži, dok ne ode i ne izgubi se na kapiji, sav srećan, ponizan, čisteći oko sebe po svojim haljinama, a naročito cipele, i nameštajući jaku oko vrata, — Todora tresući se od bola, jada, srama i nesreće, okrenula se i, pre no što je on izašao, ona ušla u kuću, i tamo, ko zna gde, u kakav kut i polumrak srušila se plačući i grcajući.

Ali ipak znalo se da se to nikada ne sme doznati. Ni rodbina, niti iko. Ono što preostalo, osobito tu njivu oko Morave, Magdini su sinovi uzeli da rade tobož na ispolicu, a u stvari više davali nego što od nje dobivali, kao znak blagodarnosti što im je zemlja, koju su pre kao čivčije držali, sad postala njihova. Tako isto i Magda gotovo nikako se od njih, od kuće im, nije odvajala. Cele bi nedelje presedela tamo u selu kod svojih sinova i snaha, gde je bila kao neki starešina, jer joj muž umro, ali, čim bi došla subota ili kakav praznik, odmah bi ovamo do njih dolazila, uvek donoseći po nešto a najviše brašna, masla i sira, od čega bi posle Sofki i materi po nekoliko dana trajalo. I onda ovde, kod njih, slušajući i trčeći, presedela bi praznik i još koji dan. Tako isto i ostali seljaci, pređašnje njihove čivčije, i dalje su kod njih dolazili, uvek donoseći po nešto, nikad ne spominjući da je zemlja sada njihova, te se zbog toga u prvo vreme nemanje nije baš tako jako ni osećalo. I zato je materi Sofkinoj iz početka dosta olako išlo i ispadalo za rukom da se ništa ne primeti, već da, kao i pre, cela rodbina, naročito stari stričevi i tetini, uvek bivaju počašćivani ljutim rakijama i dobrim pićem i kafom.

A kada dođe slava, Uskrs, Božić, isto je onako bilo namešteno i spremano, i ona, mati joj, u najlepšem odelu, povezana, zakićena cvećem. Sofka tada uvek u novim haljinama, svilenim, od najnovije i najskuplje basme koja bi se u varoši počela da nosi. Celog dana, vesele i srećne, dočekuju goste. Čak i svirači dođu i odsviraju. A na pitanja o njemu, efendi-Miti, mati bi odgovarala: kako joj je baš pre neki dan poslao novac; i dolazio čovek da joj kaže kako on još ne može doći. U nekom je velikom poslu. Gledaće da bar na jesen dođe; i kako je Sofki poslao baš tu basmu, da joj se načini haljina...

I zaista, i sama Sofka s početka nije znala otkuda materi novac za te njene uvek nove i skupe haljine. Ali ubrzo se Sofka dosetila. Videla je: da joj mati zato tako skupe haljine daje, da bi je tom skupocenošću uverila kako zaista to on, otac, šalje, bojeći se da ga ona, kao svako dete, ne bi sasvim zaboravila, ili ga čak omrzla što nikako k njima ne dolazi, što nju i „mamu njenu" ostavlja uvek tako same. A svi ti ljudi, sluge, koji su tobož donosili te njegove poklone, uvek su dolazili kada Sofka slučajno nije bila kod kuće, te ih ona nije mogla videti.

A sve je to materino upinjanje bilo uzaludno. Isto tako kao što je za to materino zavaravanje znala, znala je i za sve ostalo što se oko nje događa i zbiva. Osobito ono otimanje rodbine oko nje, Sofke, kada su ona i mati ostale same posle očevog napuštanja, tobož prelaženja u Tursku. Tetke, strine utrkivale su se kod koje će Sofka, još onako mala, biti u gostima; kod koje će što duže ostati i biti gošćena i čašćena, i to toliko kao da je ona kakav star čovek. A Sofka je i tada već znala da sva ta ljubav i nežnost rodbinska dolazi kao od neke slutnje, predosećanja nesreće koja već počinje da se događa. I zato su oko Sofke trčali svi i kao ulagivali su joj se, što su hteli time svoj rodbinski dug prema njoj da oduže: da je bar sada ugoste, počaste, dok se ta nesreća nije dogodila, da, kada tom nesrećom budu rastavljeni i nemajući kada o čem drugom da misle, bar ih ona, ovako mala, ima onda u dobroj uspomeni po njihovom dobru, po ovom njihovom gošćenju, čašćenju, i kao takve, bogate i dobre, pamti ih i seća ih se. A pored toga zato su se još oko nje otimali u ljubavi, što su svi ne predosećali nego na čisto s tim bili: da je ona, Sofka, poslednji izdanak od porodice, glavne kuće; da će se njome svršiti i utrti sve. Ali ipak, pored svega toga, izgledalo je da se otimlju oko nje najviše radi njega, oca joj, efendi-Mite, jer, ma da ih je on ostavio, ipak ga oni još toliko poštuju da eto sada njegovo jedinče i ljubimče gotovo što na rukama ne nose, i kao kap vode na dlanu ne čuvaju.

A da je zaista sva ta njihova ljubav bila više radi oca joj nego radi nje same, Sofke, ona je videla i po samoj materi. Jer docnije, kada Sofka poče da pokazuje znake ženske lepote; kad joj njene drugarice u igri počeše odjednom, iznenada da zastaju i unezverene njenom lepotom, bujnošću prsiju, kose, da, diveći joj se, uzvikuju: „Ao, Sofke! Jao kakva si i kolika si!" — od tada je mati ne pusti samu. Od tada kapija nije smela da ostaje po vazdan otvorena. Sofka sama ni na kapiju, ni kroz kapidžik u komšiluk, pa ni među same ženske, nije smela da ode, a da je mati ne pregleda, ne vidi kako je obučena. Makar bila u najvećem poslu a Sofka htela da ode u komšiluk međ drugarice, ona bi, ostavljajući posao i brišući ruke o keceljи, dopraćala je do samog kapidžika i susedne bašte jednako nameštajući je i doterujući je... Jer, za Boga — govorila bi joj tada mati, sva srećna — otkuda ona sme dopustiti da Sofka ma kakva izađe. Taman! Treba onda još i on, njen otac, slučajno da naiđe, zatekne je takvu, ili da čuje da je takva, ovlaš i kako ne treba obučena, pa kako bi onda smela na oči da mu izađe a kamo li da se usudi i da ga pogleda!

Međutim sve to nije trebalo. Odavna je Sofka za sve to znala: a zašta otac jednako tamo sedi u Turskoj; zašto ovamo k njima sve ređe i ređe dolazi, tako da ga je počela da pamti i da ga se seća samo po tim njegovim noćnim dolascima, u malo već olinjalom odelu, potamnela, kao suva, a u stvari zborana lica, ali još jednako svežeg, obrijanog vlažnih usta, još vodnjikavih očiju a uvek sa brojanicama, u lakovanim cipelama i belim čarapama... Pa onda isto tako je znala, kada bi oni mislili da ona uveliko spava, za ono njihovo, materino i očevo, dugo, noćno, sedenje, cele noći nemo, bez reči, a iz očiju im se vidi: kako sve ovo treba jednom svršiti, ne može se više, treba bežati, prodati i kuću i sve... E, ali šta će onda grobovi na groblju, pa rodbina, pa osobito šta će svet kazati!

IV

Sofka je od uvek, otkako pamti za sebe, — znala za sve. I kao što je, nikad ni za šta ne pitajući, osećala i razumevala sve šta se oko nje događa, tako je isto znala i za sebe, šta će s njome biti. Još detetom je bila sigurna u kakvu će se lepotu razviti i kako će ta njena lepota s dana u dan sve više poražavati i zadivljavati svet. Jer zna se da sada samo ona, samo iz njihne kuće, jedi no još „efendi-Mitina" kći što može biti tako lepa, a nijedna druga.

I ne prevari se.

A kao što je unapred predviđala, ta je njena tolika lepota učini ako ne gordijom, a ono srećnijom. I to ne zato što je njome muškarce zaluđivala i mučila nego što je zbog nje i sama sobom bila zadovoljnija. Samu je sebe više negovala, više volela, jer je znala da kod nje neće biti ona obična, svakidašnja lepota, kada se postane devojkom, i koja se sastoji u bujnosti i nabreknutosti snage, nego ona druga, istinska, viša, jača, koja se ne rađa često, ne vene brzo, sve lepša i zanosnija biva i od koje se pri hodu i pokretu oseća miris njen.

Sve se to tačno zbilo i ispunilo. Jer, kada ne samo što poraste, već pređe i dvadesetu, i, pošto je bilo poznato da se svaki ne sme usuditi nju da zaište, čak pređe i dvadesetpetu i šestu godinu, ona i tada ne samo da je jednako još bila lepa, nego i raskošnija i zanosnija. Samo što joj nestalo one gojaznosti i suvišnosti mesa, dok sve drugo na njoj neprestano je sve lepše i izrazitije bivalo. Ramena i pleća jednako su joj bila jedra, puna i razvijena; gornji deo ruku, mišice, bile su oblije i jedrije, te je zajedno sa punim joj plećima činile i dalje vitkom i pravom, I zbog toga joj se svakad stas i bedra jače isticali. Malo dugih, suvih ruku, sa istina suvim ali nežnim prstima i sa još nežnijim, više dlana oblim i punim člankom ruke, koji je pokazivao svu belinu njene kože. Lica ne toliko sveža koliko bela, nešto malo duga, omekšala, koščata ali sa čistim i visokim čelom, crnim, krupnim, malo uskim očima, uvek vrelim jagodicama i stisnutim tankim ustima, tek pri krajevima vlažnim i strasnim. A od cele lepote njena tela, koja joj je bila stala, kao skamenila se, da se ne bi trošila jedino kosa, kako joj je još u početku počela rasti, tako joj je i tada jednako bujala i rasla. Kosa je bila crna, meka, teška, tako da ju je uvek osećala kako joj, kad je raspusti po vratu i plećima, lako i senovito leži.

Ali što je Sofku najviše uznemiravalo, to je što, otkada ona počela da raste i već se i razvila u ovu svoju čuvenu lepotu, on, otac, sve ređe dolazio. A ona je znala da je to sve zbog nje. Kao da se nje boji. Prođe po čitavo leto, jesen, zima, pa se od njega ništa ne bi čulo, niti bi kakvog glasnika poslao. Docnije čak i po dve i tri godine, a od njega ni glasa: ni gde je, ni šta je.

Mati da premre od straha. I to ne što se bojala da će sasvim ostati sirota, gotovo bez hleba, iako se uveliko počela da bori sa sirotinjom. Već je počela i gotovo prodala onaj gornji deo bašte iza kuće, koji je gledao na ulicu. I to naravno prodala je „njihovom" Tonetu, pošto su samo njemu smeli da se povere; pošto samo on ne bi pričao i iznosio svetu da je to njegovo, da je od nih sasvim kupio, nego će, po običaju, pričati kako je uzeo tobož od njih pod zakup. I to morao kao toliko da ih moli dok su mu oni dopustili da tu podigne neke svoje magaze.

Dakle, ta već očigledna sirotinja nije toliko plašila mater koliko taj očev sve ređi i ređi dolazak. Strepila je da ih, kako je počeo a znajući ga kakav je, naposletku sasvim ne ostavi, i nikada se više k njima ne vrati. I onda, ne već ona — njeno je prošlo, ona je bila gotova i spremna na sve — nego šta će i kuda od tolike sramote i pokora njihna i već ovoliko velika i toliko čuvena Sofka?

A Sofka, gledajući svu tu muku i strah materin, više je nju žalila nego li sebe. I ona je sa sobom bila odavno izmirena. Još u početku, kad je počela da oseća kako joj se sve više prsa razapinju, pune, kako joj telo biva sve zaobljenije; kada se od svakog iznenadnog dodira, čak i od šuma i bata nečijih koraka golicavo trzala i slatko uvijala, kada joj se od samog pogleda muških sva krv u glavu penjala, noge joj za zemlju kao prikovane ostajale i kada je osećala da ako bi taj muški ovamo k njoj prišao, da se ona od obamrlosti ne bi mogla maknuti, još manje mu se odupreti, odbraniti od njega, — pa već tada, kada je dakle bilo najgore i najteže, već je tada ona bila uverena da nikada, nikada neće biti toga, neće se roditi taj koji bi bio ravan i dostojan nje; dostojan i njene ovolike lepote a i same nje kao Sofke „efendi-Mitine".

I pošto je još u početku bila uverena da nikada neće biti takvog koji će moći da bude veći od nje, da bi se ona osećala sva srećna, što *takav* lepši i viši od nje i po svome poreklu i po svojoj lepoti, njenu snagu i lepotu troši i rasipa. Jer jedino bi takav mogao k njoj prići; jedino takvom bi se ona dala da je ljubi. A pošto je s tim u početku bila izmirena da nikada takvoga neće biti, onda je docnije sve lakše to podnosila. Čak je bila i zadovoljna što je s tim na čisto. Jer posle toga nije imalo ništa što bi je bunilo, od čega bi prezala. Za nju nije bilo ni od kakvog muškarca opasnosti i zato je mogla da bude sasvim slobodna. Mogla je, kad god hoće, da izlazi na kapiju i tamo stoji. Svakoga muškarca, mladića, gledala bi pravo u oči. Čak sama ulicom, i po komšiluku, kad god je htela, išla je. Ni noću ne bi strepila. I zbog te svoje slobode, nijednoj svojoj drugarici nije zavidela što se, i mlađa od nje, odavno udala, već joj domaćin počeo da se bogati i ona ulazila u red imućnih žena, gazdarica. Ništa i niko kod nje nije mogao da izazove zlobu i pakost. Jer, viša od svih i zato zadovoljna sobom, osobito tom svojom jedinstvenom lepotom, ona je ravnodušno sve to oko sebe posmatrala.

Nikada se nije ona, kao druge, stojeći na kapiji i videći kako joj se kakav muški približava, po običaju, sakrivala iza kapije i, tek kada onaj prođe, onda da viri za njim. Kad god bi je bilo na kapiji, mogla se videti kako stoji ispred nje slobodno. Nikada u kapiji, nikada u strani, ne krijući se, a osobito ništa ne krijući od sebe, još manje od svojih prsiju, koja bi, kad ih druga neka ima takva, suviše puna i jedra, pokrivala boščom, prebacujući je na sebe do ispod lica. Ona to nikad nije radila. Ako bi stajala, stajala bi na sredi kapije, sa iza sebe prekrštenim rukama i lako naslonjena o zatvoreno krilo kapijsko, sa komotno ispruženim nogama, prebacivši jednu preko druge. Slobodna, ništa ne krijući na sebi, nikad sa izvučenom iznad čela šamijom i skrivenim cvećem po kosi, već uvek onaka kakva je inače unutra, u kući, i sa još slobodnijim pogledom, uvek kao u prkos, na ravnodušnost napraćenom donjom usnom, zbog čega joj je uvek oko krajeva usta bila kao mala senka. Svakoga, koji bi joj se približavao, izdržljivo bi gledala i pratila, tako da bi ovaj gubio, kao sagibao svoj pogled, glavu i sa poštovanjem prolazio pored nje javljajući joj se.

Ako bi sa njim bilo još koga u društvu, koji je ne bi znao, ili bio čuo za nju, ali još je ne video, onda bi Sofka uvek za sobom, kad bi oni odmakli, čula razgovor.

— Koja je ova, bre, i čija? — iznenađen, zaprepašćen njenom lepotom a osobito takvim njenim drskim, slobodnim držanjem, pita onaj.

— Sofka, efendi-Mitina! čuo bi se odgovor.

A u svima tim govorima o njoj, uvek je bio samo kao strah, divljenje i poštovanje, a nikad drugo, kao o ostalim ženskima. Zato je ona mogla uvek da bude slobodna.

NEČISTA KRV

I kaogod što je tako slobodno, otkriveno i javno išla, stajala na kapiji, tako je isto i gore, na prozorima gornjeg sprata, što su gledali na ulicu i varoš, ne skrivena nego sasvim presomićena i oslonjena gledala i sa ravnodušnošću sve posmatrala. Ceo dan videla bi se kako presedi gore, na prozoru, sa podbočenim rukama o obraze, koji bi joj se nadmeli i još više porumeneli, sa sastavljenim plećkama, sa nadnesenom celom gornjom polovinom, njihajući se polako i osećajući draž u toj svojoj izvijenoj polovini, u ispupčenosti i razdvojenosti kukova, u dodiru prsa o pervaz prozorski.

Osobito je volela da praznicima, tako naslonjena i poduprta rukama, gleda dole po ulici, komšiluku i čak tamo oko crkve, u čaršiji, jer se sve to videlo, pošto je bilo ispod njihne kuće.

Ravnodušno, s podsmehom gledala bi kako se razilazi svet, osobito ženske, kada počnu iz crkve da izlaze gde su bile ne toliko radi službe božje koliko da ih svet vidi u njihovom novom, tek tada prvi put obučenim haljinama. Eno mlada, puna i čista lica, Nata gazda-Milenkovih. Ona se uvek, svake nedelje, sa ocem i maćehom vraća iz crkve. Otac ide iza njih, nasmejana, puna lica, i već ne u čakširama — a to zbog te druge, mlade žene, da bi i on izgledao mlađi — već u pantalonama i kaputu, više gledajući u ženu nego u kćer. Ali Nata to ne primećuje. Sva srećna što je tako otac svuda vodi, ide ona, a ne zna da on to čini sve zbog maćehe joj, što nije u redu da on sa ženom izlazi a kod kuće ostavljaju samu i toliko već veliku devojku. Sofka bi uvek, kad god bi nju videla, sažaljevajući je gledala, kako o svemu tome ona ništa ne zna i kako sva srećna, uživajući u tim svojim novim haljinama, jednako se oko sebe okreće, da vidi da li je svi gledaju tako lepu.

Tako isto koliko bi puta gledala i one kćeri Taška samardžije, više njihne kuće, u istoj ulici. Ima ih četiri. Sve jedna drugu sustigle. Otac i mati bili su još seljaci, ali, pošto se obogatiše, njihna deca, osobito te kćeri, brzo izišle na glas. Sve su jednaka odela nosile, većinom laka, tanka i u otvorenim bojama, da, svakako, time što više privuku pažnju. Lica i očiju nežnih, kadifenih, da niko ne bi pomislio da su to kćeri njihove, osobito po ocu im, koji je bio bucmast i jednako tamna, debela, preplanula, seljačka lica. Sofka je gledala kako je od njih, radosnih, što su tako lepe, što tako začuđavaju, uvek bila po neka na kapiji, kako uvek otuda ovamo na ulicu istrčavaju, da sigurno koga bole vide ili se tome bolje pokažu, da su tu, na kapiji, i da ga čekaju. I na svakoj službi u crkvi i na svakom veselju, igri, uvek ih je bilo. Čak nisu izostajale ni sa sabora po obližnjim selima i crkvama. Isprva bi dolazile u prostim kolima, sa ocem i materom, sa puno korpi jela i buklija vina, da tamo celog dana presede. Docnije, kad se još više obogatiše, braća sasvim im porastoše, išle su na svojim kolima, I to lakovanim, sa federima, a bez oca, već samo sa materom i kojim bratom. Pa i to ne izjutra rano, da celoga dana tamo sede, nego posle ručka, kada kao sav ostali bogati svet ide, koji, pošto odlazi svojim kolima i konjima, ide kad hoće, tamo malo postoji, pogleda i vraća se natrag ranije. Idu dakle više šetnje radi, nego li, kao ostali, prost svet, samoga sabora ili odmora radi, pošto samo tada praznikom može da se odmara, i jela i pića radi.

Ali, pored svega što je ona sa sobom bila potpuno zadovoljna, što nikome nije imala za šta da zavidi, te se zbog toga nikad nije osetila uznemirenom, još manje nesrećnom, ipak, nekako, uvek joj je zimi bivalo lakše. Da li što se tada biva usamljenijim, izdvojenim od svega i svačega, jer se, u dubokim jesenima i dugačkim a jakim zimama, biva sasvim sam. Samo što pokatkad mati ode u rodbinu, pa i to brzo, još istoga dana da se vrati. I to ne zato što bi ovamo, kod kuće, Sofka bila sama i zbog toga ona imala, kao ostale matere za svoje kćeri, kad ostanu tako same, da se boji čega ružnoga, da tada možda kakav muški... nego što je znala da sada, po zimi, Sofka neće moći izlaziti i otići u komšiluk, da uzme štogod, ako joj nešto bude zatrebalo. I sem tih materinih izlazaka, ta bi se zimska povučenost remetila još i praznicima, i to kad su veći, kao Božić. Tada, usled dolaska gostiju, istina najužih, samo iz komšiluka, morao se čovek oblačiti i time kao ulaziti, pojavljivati se u život, dok sve ostale dane, cele zime bilo je sasvim mirno. Čovek je sasvim bio osamljen, sasvim ograđen kućom i zidovima, i mogao se osećati potpuno slobodan, i do mile volje ostavljen samom sebi.

Zato su te zime Sofki bile lakše, slađe, jer posle zime već joj nije bivalo tako, osobito s proleća. Uvek bi počela da oseća kao neki nemir, kao strah. Da li što je dotadanja zimska usamljenost i povučenost prestajala i sav život, koji je do tada bio ograđen i sprečavan i ugušivan mećavama i hladnoćom, tada je već počinjao iz kuća da izlazi i po ulicama, po čaršijama, crkvama, saborima, veseljima da se širi, mešajući sve međ sobom, i muško i žensko. I sigurno zato bi je onda počinjao obuzimati nemir, što je znala: da će morati, da ne bi ostala sasvim zaboravljena — ne radi sebe, nego radi matere i kuće — i ona sa tim zajedničkim životom, sa svetom ići, izlaziti. A međutim ona ništa sa njima nije imala zajedničkog. Sve je za nju to bilo tako tuđe i strano.

Ali što je za nju najgore bilo, to je što je ona s godine u godinu, uvek s proleća i leta — a to nikome, ni sebi nije priznavala — sve sa većim strahom i užasom počela primećivati kako, što više stari ne lepotom i snagom, nego godinama, pored svakidašnjeg nemira zbog izlaska u svet, sve jače, sve jasnije se ispoljava, i, kao neka zmijica, počinje da je čupa i drugi nemir, upravo užas: kako će sada, ovoga proleća i leta, možda na prvom saboru pred crkvom pojaviti se koja nova devojka, koja će nju svojom lepotom baciti već jednom u zapećak i učiniti je — *usedelicom*.

No ipak, uverena je bila da to ne može nikada biti. Dopuštala je da će možda sada, toga proleća, kao uvek, neka tek tada prvi put izvedena svojom mladošću i bujnošću, kao svaka novina, privući opštu pažnju; ali da će nju svojom lepotom moći da nadkrili, to je bilo nemoguće. Ne sada, nego nikada. Pa čak i onda kada bi je lice možda izdalo, ipak je Sofka bila uverena da je ne može nikoja nadmašiti. I, ne daj Bože, da do toga dođe. Sofka je osećala da bi onda bila u stanju sve da baci. Da samo dokaže kako je ipak ta nije nadmašila, u inat javno, pred celim svetom bi se otkrila, pa čak i podala, samo da ih uveri kako njenoj lepoti, razbludnosti njene snage i vrelini i strasnosti nije mogućno da ikoja bude ravna. Da, strašno bi to bilo; ali ona ne bila Sofka, ako to ne bi učinila!

I onda, prestrašena time, unezverena, odmah bi počela sebe da kori i grdi: što ona sve to da misli i uvek njoj tako što da dolazi, što drugim ni na um možda ne pada. I dokle će ona tako? Zašto ona nikada srećna, nikada zadovoljna da ne bude? Kada će i ona već jednom ništa da ne misli, kao ostale devojke samo da živi i zbog toga da je srećna. Celog dana, od jutra do mraka, i ona da radi, da gleda kako će i što više dograbiti da pojede, a da od ukućana ko ne primeti; pa onda dobro da ruča, večera, i to slatko, oblaporno, da bi posle večere jedva dočekala kad će leći u meku postelju, u koju će se od umora gotovo srušiti i odmah zaspati. I onda tako svaki dan. Sve sudbini da ostavi, pa da, brekćući od zdravlja i snage, sa nasladom čeka kada će je koji zaprositi, kada će joj biti venčanje, kada će imati muža; kada će i ona, kao i njene udate drugarice, imati svoju kuću i u njoj biti domaćica, sa mužem ići po rodbini, po slavama, večerama, kao i po saborima i svuda gledati kako će se što bolje provesti, što više jesti dobra jela i nositi što lepše haljine.

I čim bi počele ovakve misli da joj dosađuju, uvek bi onda počela silom samu sebe da goni da i ona bude takva. Tada obično odmah preduzme kakav posao, kakav težak i čuveni vez. Zagreje se, zaraduje. Sva se unese u posao. Celog dana ne dižući glave radi. Mati jedva bi je odvajala, da ruča i večera. I što bi se posao sve više i jače ispod njenih ruku ocrtavao, pojavljivao, slike se kao žive izdizale — a taj vez i šare bile su tako teške, da druga na njenom mestu tek ako bi mesecima mogla da uđe u nj — ona bi se sve više i više u to unosila i odmah bi počela osećati kako joj je drukčije. Mirnije spava. U jutru je svežija. Na ogledalu vidi kako joj krvna zrnca počinju po obrazima da izbijaju i da se zaokrugljujući šire. Jelo joj slatko. Voda još slađa. Oseća kako joj vazduh svež. I tada svaki čas, u svakom trenutku, bila bi u stanju da zaspi, i to slatko, duboko. Ali to ne bi trajalo dugo. Što bi se posao više približavao kraju, ona bi počela da oseća kako postaje sve klonulija i ravnodušnija. Jutra joj već ne bi bivala onako sveža. Od nemirna sna i glavobolje počinju joj bivati tupa. Ona bi mislila da je to od umora i velikog naprezanja. Ruke i vrat bi joj drhtali, da bi joj glava dolazila teška a snaga joj sva izlomljena.

Onda bi počela da ide ne znajući zašta i čisto da se vuče kao bolesna... dok, a to odjednom, iznenada, svu je ne obuzme ono „njeno": snaga joj u času zatreperi i sva se ispuni miljem. Oseti kako počinje sva da se topi od neke sladosti. Čak joj i usta slatka. Svaki čas ih oblizuje. Od beskrajne čežnje za nečim oseća da bi jaukala. I tada već zna da je nastalo, uhvatilo je ono neno „dvogubo", kada oseća: kako nije ona sama, jedna Sofka, već kao da je od dve Sofke. Jedna Sofka je sama ona, a druga Sofka je izvan nje, tu, oko nje. I onda ona druga počine da je teši, tepa joj i miluje, da bi Sofka, kao neki krivac, jedva čekala kada će doći noć, kada će leći, i onda, osećajući se sasvim sama, u postelji, moći se sva predavati toj drugoj Sofki. Tada oseća kako je ova duboko, duboko ljubi u usta; rukama joj gladi kosu, unosi joj se u nedra, u'skut, i znajući za Sofkine najtananije, najslađe i najluđe želje, čežnje, strasti, grli je tako silno da Sofka kroza san oseća kako joj meso, ono sitno po kukovima i bedrima, čisto puca. U jutru nalazila bi se daleko od materine postelje i sa zagrljenim jastukom a sva oznojena. Danju, krijući se i od matere i od svakoga ko bi došao, ceo bi dan presedela tamo iza kuće, u bašti. I tada bi, gotovo kao luda, počela da razgovara sa cvećem. U svakom bi cvetu nalazila po jednu svoju želju, u svakom cvrkutu tica po koji neispevani, neiskazan uzdah i glas neke pesme.

I onda bi počela da oseća ono što joj toliko puta dolazilo i što nikada sebi nije mogla da objasni... Sve, sve to: i ti snovi, i ova bašta, cveće, drveće, i više nje ovo nebo, a ispod njega, oko varoši, oni vrhovi od planina, i sama ona, Sofka, u isto ovako odelo obučena, isto ovako sedeći, pred istim ovim cvećem, pa čak i sama kuća, iz kuće glasovi i idenje ili matere ili drugih, i same reči, želje, naglasci, sve to, čini joj se, nekada, ne zna kada, u koje vreme, ali isto, isto je Ovako bilo, postajalo i ovako se kretalo. I onda, što bi bliže veče, sve bi to, a i ona zajedno sa svim tim, kao da nije na zemlji, sve jasnije, izdvojenije, sva zanosnije, silnije bivalo, da bi ona, dolazeći iz bašte ovamo kući, od razdraganosti i sreće čisto ruke više sebe dizala i u malo na sav glas ne pevala. Ali to nije smela. Samo se trudila da mati od toga štogod ne primeti i zato, i ako ne bi bila gladna, samo da je ne bi mati zagledala, silom bi večeravala i odmah se odvajala.

Išla je tobož da leži, spava, a u stvari da što pre ostane sama sa sobom, i da onda, sasvim sama u noći, pokrivena jorganom, nastavi što jače grlenje, milovanje, tonući i gubeći se od sreće zbog tih snova. I što je najglavnije, ma da je bila uverena kako se neće udati, ipak, ipak svi su se ti snovi stapali u snevanje bračne sreće, bračne sobe, postelje, nameštaja... I taj san jedan isti: u velikoj, raskošnoj sobi, punoj izukrštane raznobojne svetlosti.

Oko nje ostale sobe, takođe nameštene, okićene peškirima i darovima što je ona donela... Dole, u dvorištu, bije šedrvan, njegovi mlazevi, kaplje vode prema svetlosti iz ove njene sobe, žute se i šušte kao ćilibar. Čuje se svirka. On, njen mladoženja, kao završavajući poslednje vesele, već umorno ali veselo, nestašno i razdragano se izvija, zanosi i prati pesme, koje svatovi odlazeći od njih pevaju, ostavljajući nju i njega ovamo same. On visoka čela, crnih, malo dugih brkova, a sav obučen u svilu i čoju. Mirišu mu haljine od njegove razvijene snage. Ona ga ovamo, u postelji, u bračnoj košulji, u moru od te svetlosti, šuštanju šedrvana, u svirci, pesmi, čeka. I ma da još nije do nje došao, ona već oseća na sebi oblik njegova tela, i bol koji će biti od dodira njegovih ruku, usta i glave na njenim nedrima, kad on padne i kad počne da je grli i ujeda... I onda njega uvode. On prilazi. Poljupci ludi, besni; stiskanje, lomljenje snage; beskrajno duboko, do dna duše upijanje jedno u drugo...

Zato je ona tu samoću uvek volela. Čak, kad je sasvim sama kod kuće, mati joj ode ili na groblje ili poslom, pa se duboko u noć već ne vraća, ona je i taj strah od mraka nekako rado podnosila. Uvek bi se tada povlačila gore i onda, zatvorena kapijom i zidovima, dakle osigurana, predavala bi se sama sebi. A da bi sasvim izbegla strah od samoće i mraka, sve više i više zanimala bi se sobom. Slobodno bi se otkopčavala, razgolićavala prsa i rukave i same šalvare, da bi osećala kako bi jednim pokretom sve mogla sa sebe da zbaci. Onda bi se unosila uživajući u svojoj lepoti, osećajući draž od te svoje otkrivenosti i od golicanja vazduha. A koliko bi puta, čisto kao kakav muškarac, sa tolikom strašću počela da posmatra svoje prave, krupne dojke, u kojima su se ispod beline kože već nazirale, kao odavno zrele, neke grudve.

Jednom u malo ne učini ludost. Bilo je nekako na izmaku leta. Opet je bila subota — pazarni dan. Mati sa Magdom otišla na groblje. Padao je mrak, ali nekakav topal, zagušljiv mrak. Mati joj nikako ne dolazila, a ona kao uvek, ograđena komšilukom i kućom, jednako bila sama. Nemajući šta da radi, a ne smejući da se kreće, sedela je gore u sobi i kao obično bila je raskomoćena. Čak i više nego obično, jer joj je bilo tada, više nego ikada, obuzelo ono „njeno". Ali kao nikada do tada, odjednom poče osećati: kako je počine za srce da hvata neka neizmerno duboka, iz tamne daljine sa slutnjom taka teška tuga, jad i usplahirenost: čime će se sve ovo svršiti? Da neće, a sigurno će, sigurno — smrću?! I onda: čemu i našta Sve ovo?

U tom ču kako iz bašte dolazi mutavi Vanko. I to peva. Sigurno pijan, kao svake subote od bakšiša što je dobio, slušajući po pijaci i čar šiji. I pošto je dole, u kujni, video da nikoga nema, on se poče peti gore, ovamo k njoj. Ona se trže. Brzo se pokri i kao opasa. Ali odjednom joj dođe luda misao od koje se sva oznoji. Što da ne? Pijan je — i neće znati; polunem je — i neće umeti kazati! I što da ne jednom i to, o čemu se toliko misli, sanja? Što da ne vidi i ona jednom: kako je kada se oseti muška ruka na sebi.

Vanko došavši ovamo i videvši je, zaradovan što ju je našao, i pijan, srećan, mucao je i mimikom joj poče pokazivati od koga je i koliko danas dobio.

— Ba... ba... ba!...

Ali videvši kako se ona sa minderluka, međ jastucima, onako raskomoćena, i ne diže, ne prilazi, još manje mu odgovara, niti se smeje — on zastade ispred nje kao uplašen.

Ali ona ga pozva.

— Daj ruku!

On joj pruži slobodno ruku sa ispruženim i raširenim prstima, i to levu, jer mu ona beše bliže njoj. Ona ga uze za ruku, ali ne kao svakada, za prste, već odozgo i više ruke za dlan, za onu četvrtastu i široku kost. Zatim ona vide kako mu se, iznenađenom takvim njenim uzimanjem ruke, rašireni prsti zgrčiše, te, prinoseći je k sebi, ruka njegova dođe joj onako crna, tvrda i kao neka šapa. Ali nije ona ta koja bi, kada nešto naumi, na po puta stala, ustukla. Brzo ga dovuče k sebi i držeći ga međ kolenima i, ne slušajući njegove neprirodne glasove od straha i radosti, otkri svoja prsa i na svoju jednu dojku silom položi njegovu ruku pridržavajući je, pritiskujući je... Oseti samo bol i ništa više. Brzo, stresajući se od jeze, ustade. Ali on, obezumljen, lud, sa penom na ustima, iskrivljenim licem, gurajući je glavom u trbuh, grleći je po kukovima kidao joj meso i kao kliještima je vukao k sebi, da je obori, puštajući zapenušene lude krike.

— Ba... ba!... ba!

I druga da je bila na njenom mestu, sigurno bi podlegla, izgubila bi se, ali ona, gnušajući se, samo ga odbaci od sebe i izađe, zakopčavajući se.

V

Bilo je to pred Uskrs. Sofka, kao uvek uoči tih velikih praznika, ništa nije radila dole u kujni, već je bila jednako gore, na gornjem spratu, raspremajući i nameštajući sobe. Tako je bilo i sada. I da se ne bi prljala, bila je obukla neki stari mintan, koji joj je bio tesan, te su joj se prsa čisto kršila. Tako isto, da joj ne bi prašina padala po kosi, bila je ovlaš zavila glavu velikom zejtinlijom šamijom, te joj je lice odudaralo jasnije i svežije. Vetrila je i pajala sobe. njene nanule zvečale su po suhom doksatu gornjeg boja.

Dole, ispred kuće, dvorište je bilo davno poliveno i počišćeno. Od kapije do kuće belela se kaldrmisana putanja. Iz kofe na bunaru curila je voda, i belasajući se spram sunca, kapala je po pločama. Trava oko bunara, po dvorištu, i čak oko kamenova po kaldrmi odudarala je tamnije. Od dvorišta pregrađena tarabama, zelenila se i pružala čak iza kuće njihova bašta. Pod strejama čevrljali su vrapci. Iz komšiluka čulo se takođe spremanje za sutrašnji dan: tresenje ćilimova, ponjava, lupa i ribanje tepsija i sahana. Sa ulice dopirao je bat koraka. U opšte dan je bio čist, topao, i pun životvorne, balsamske svežine, kao što su dani proleća pred Uskrs. Na dnu stepenica, odmah do kujne, sedela joj je mati, i kao da joj je bilo hladno, bila se ogrnula po leđima kratkom kolijom, škorteljkom, a u stvari najviše se bila ogrnula da joj ne bi prašina odozgo, gde je Sofka čistila, padala i prljala joj čistu belu košulju oko vrata i na prsima. I tako pokrivena tom kolijom, držala je tepsiju u krilu trebeći po njoj pšenicu, a u isto vreme pazeći da u kujni ne iskipi jelo iz lonaca što su krkljali oko vatre. Trebila je marljivo pšenicu, jer večeras se ide na groblje i iznosi mrtvima za dušu.

Na kapiji zveknu alka.

— Domaćini!

Čak gore ču Sofka jak glas sa oštrim i stranim naglaskom.

— Sofke, udara neko! — doviknu odozdo mati. Sofka ostavi čišćenje i poče silaziti.

— Pa što ti, nano, ne otvoriš? — poče se ona nećkati silazeći niz stepenice.

— Idi, idi, došao neko! — poče je žuriti mati.

Dok je Sofka išla putanjom pored bunara ka kapiji, da otvori, vide kako joj mati hitro sakri tepsiju sa pšenicom i užurbano, ma da je bilo sve čisto, opet nekoliko puta mahnu metlom ispred kujne i skloni neku krpu i još nešto ispod stepenica.

Sofka otvori kapiju i stade iščekujući da uđe taj koji lupa.

Na kapiji se pojavi visok, obrijane glave Arnautin. Sofka se osmenu, jer odmah vide da je to očev glasnik, jedan od onih džambasa koji svake subote dolaze iz Turske ovamo, na pazar, i kupuju konje. Tako isto ona vide kako i mati joj, čim ovoga pozna da je Arnautin, čovek iz Turske, dakle sigurno njegov glasnik, ma da mu se, kao uvek ispred ovakih velikih praznika, nadala, ipak, kad spazi da je zaista on to, poče se tamo, ispred kujne, unezvereno da vrpolji jednako okrećući se oko sebe i nanovo gledajući da li je sve počišćeno i raspremljeno kako treba.

— Je li ovo efendi-Mitina kuća? — poče Arnautin glasno da viče ulazeći i kao dvoumeći i još jednom zagledajući kapiju, da nije slučajno pogrešio.

Sofka mu glavom potvrdi da je to. On uđe i uputi se ka materi širokim koracima i zavučenim rukama u bele čakšire. I, ma da se još nije bio ni približio k njoj, otpoče:

— Ete, pozdravio vas efendi Mita i poručio mi da vam kažem...

— Ako, ako, dobro nam došao! — predusrete ga mati. I kad dođe do nje, brzo mu iznese tronožnu stolicu da sedne.

— Sedi, odmori se! — poče ga nuditi usrdno.

Arnautin bojažljivo, kao ukočen, spusti se na stolicu. Mati, kao uvek pred svima tim očevim glasnicima, stade preda nj, prekrstivši ruke na pojasu i s malo nagnutom glavom k njemu, da željeno i s puno poštovanja sluša šta joj je muž poručio i naredio. Sofka ode u kujnu da Arnautinu skuva kafu. Arnautin, namrštivši se, valjda da mu jače odskoči ona pruga oko vilica i čela, koja je pokazivala dokle je voda doprla pri njegovu jutrošnjem umivanju, poče oštro da priča. Retko je u mater gledao, već jednako u svoje jake žilave noge s debelim i dugim čarapama od kostreti. Sofka po njegovu glasu vide da je kao ljut. I osmehujući se, već je znala zašta je. Sigurno je i on, kao i svi očevi glasnici, kad k njima polaze, mislio da će, kada ovamo dođe, zateći majku i nju, Sofku, kao i celu kuću malo sirotniju i onda da će mu trebati da njega navlaš pred njima grdi i govori im: kako i on tamo u Turskoj ne živi bolje, i time njima daje kao neke naknade, utehe. A ono evo prevare se! Video nju, Sofku, i mater, koja ma da je bila prevalila četrdesetu, ipak je još izgledala mlada i sveža. Oko joj još toplo, kosa joj se još kao zift crni i svetli. Istina ima malo bora oko očiju i usta, ali se one i ne poznaju, već se neosetno gube u svežini oblog joj i kao mleko tako belog i nežnog lica. I kad je ovako lepa u svakidašnjem odelu, kakva li je kad je obučena!

Pa kako ona pred njim sada stoji smerno i kako bojažljivo raspituje o „svome čoveku" grdeći sebe: što nije znala šta će joj poručiti i iskati, te eto ne može sad odmah da njegovom glasniku to da. Nego, izvinjava se, ona će to poslati pred veče u han gde je ovaj odseo i to još po sluzi.

I Sofka po izrazu lica Arnautinova vide kako na njega sve to silno utiče. I još kad on sagleda gde je Sofka kuvala kafu: kako otuda, iz tamne, široke kujne, odsjajuju oni njihovi veliki, teški poslužavnici, one žute široke tepsije; pa onda ispred njega, gde on sedi, suhe stepenice, koje vode na gornji boj, a tamo do kapije stari šamdud sa račvastim kožastim stablom, a do same kapije binjektaš koji je bio istina propao u zemlju, ali mu se još blještalo njegovo mramorno teme. Sve to njega još više uplaši. Brzo, na velike gutljaje, posrka kafu, i odmah se diže žurno — i to ne sredinom kaldrme, već krajem, kao da je ne uprlja — jednako izvinjavajući se materi: da se ona ne žuri, i kako će on nju tamo u hanu čekati, dok ona bude gotova.

— Će čekam han'mo. Ako ne možeš danas, sutra, kada ti hoćeš. Jedan, dva, tri dana, ništa nije što ću ja da čekam. Čekaću ja! — poče se pravdati odlazeći. Mati ga otprati do kapije, a Sofka osta u kujni perući šolje. Ali ona vide kako se mati, pošto otprati Arnautina i za njim zatvori kapiju, vraća polako i čisto teško dođe do bunara i Tu ostade dugo, dugo. Posle skrenu i uputi se podrumu. Tamo dugo ostade pred vratima podrumskim, sigurno nešto zagledajući unutra, jer tek posle dugog vremena Sofka ču kako je ona otuda viče.

— Sofka, idi do Aritonovih i zovni Vanka!

Sofka ode i ubrzo se vrati sa onim istim Vankom. Vanko, kao uvek kad spazi mater joj, stade pred nju uplašen. Mati ga mimikom posla da ide u čaršiju i zove joj Toneta. Vanko sve trčeći ode.

Malo posle dođe i Tone. Nasmejan i već debela lica, kratko obrijan, u širokim mor-čakširama bez gajtana, s brojanicama, sitnim brzim koracima stade on pred Todoru, nekadanju svoju snašku, koja, dok je Vanko išao po njega, beše skuvala za nj kafu, iznela u žutoj taslici duvana, sve to metnula ispred sebe, pa zavivši cigaru i pušeći je polako, čekala ga je.

— Snaške, zvala si me? — upita je Tone mećući brojanice u pojas i kleknuvši ponizno ispred nje, uza stub kuće.

— Sedi, sedi poče ga nuditi ona dajući mu kafe i duvana — zvala sam te — a nije Bog zna šta. Znaš ti one naše bačve?

— Kako da ne, snaške? Pamtim još kad su pravljene! Morali smo kapiju da porušujemo i razvaljujemo dok ih unesmo! Kako da ih ne znam!

— E, pa one, te... Sad nešto preturah po podrumu, pa mi padoše u oči. Znaš, sad godine nerodne i ne mogu da se sve napune, pa zato sam te i zvala da te pitam: kako bi bilo kad bi se ko našao da čuva u njima vino, da im ne bi obruči poispadali od suše. Ti već znaš to. Radiš sa vinom. A za zatvor na podrumu znaš već kakav je siguran!

— A već za to.

I Sofka po glasu njegovu oseti kako Tone već unapred sve zna.

— Pa snaške — poče se on nećkati — to bi dobro bilo! Dobro bi bilo da ja to... Imam ja nešto vina, pa kad bi mene htela pustiti...

— Baš dobro. Bolje ti nego tuđin — odahnu mati.

— E dobro. Hvala ti! — nastavi brzo Tone. Samo, snaške, znaš, ja ako mogu jednu ili dve bačve da zahvatim. Ostale, sve, samo je vaša kuća u stanju da napuni a moja kuća i moja ruka ne stiza toliko, jer se zna naše tanko stanje.

— Pa koliko možeš, Tone. A za više daće Gospod!

— Daj Bože, daj Bože, snaške! I svakome neka dâ što želi. A kako je bata Mita? Čujete li što za nj?

— Jutros mi dolazio trgovac. Zdrav je. Ne može još da dođe. Zakasao u trgovinu. Sofki poslao dizije za haljinu, a i novaca, da nam se nađe za ovaj praznik.

Tone, ma da je bio uveren da je sve obratno, ipak se činio nevešt. Brzo ode, i po šegrtu posla joj unapred za celu godinu kiriju za te dve bačve, a docnije će on već i sve bačve da zauzme, pa i ceo podrum. Metnuće čak i svoj katanac na nj. Mati, kao uvek, ne brojeći novac (ma da je svakad, u svakom njegovom fišeku, nalazila po nekoliko rđavih groševa) dade bakšiš dečku, isporučujući pozdrav Tonetu i njegovoj domaćici.

Dečko ode. Kapija se za njim zatvori. Sofka vide kako joj se mati ne diže, već ostade tako jednako sedeći, gledajući zamišljeno u ispijene šolje kafe i prevrćući novac u skutu. Čak i ne ču kad se kapija ponovo otvori i na nju se slobodno provuče njina Magda.

Kao uvek, uđe ona brzo, noseći puno zavežljaja. I, ne zastajući pred materom niti joj nazivajući Boga, ode pravo u kujnu.

— A dođe li? — trže se mati, kad je vide tamo u kujni.

— Eto, snaške, jedva stigoh — poče da joj se pravda Magda. — Oni moji na selu uhvatili me tamo, pa de ovo, de ono. Ne može čovek da ih se otrese. Jedva donesoh. Evo...

I ne pokazujući joj što im je donela, kao da nije vredno njihne pažnje, poče da trpa u kovčege belo brašno, a u sahane i tendžere presno maslo i sir, što im je donela od svoje kuće i što su njeni celog posta brižljivo pribirali, samo da bi ona mogla što lepše i više ovamo njima, svojim gazdama, da ponese.

— Magdo! — ponova je zovnu mati.

— Čujem, snaške! — Istrča Magda, a već joj bile umrljane ruke i zasukani rukavi od sudova što ih počela da pere.

— Idi u Šareni han i pitaj za trgovca, Arnautina — poče joj naređivati. — Nađi ga i pitaj: da li može što mešano da mu ponese. Posle svrati u Dućandžik za basmu. Znaju već oni kakvu će da pošlju, kad je za nas. Samo brzo, jer posle moramo da idemo. Sad znaš.

— Znam, snaške!

I Magda, stara, suha, koščata, obučena pola seoski pola varoški, brzo navuče na bose noge neke stare spečene papuče i ode. I to ne ode na kapiju ulicom, već kroz kapidžike, bašte, kuće, kako bi se sa celim komšilukom videla, sa svakim zdravila, i onda prekim putem otišla u taj Šareni han. A Sofka je unapred znala kako će ona odmah toga Arnautina, i ne pitajući ga da li on može, početi da savetuje kako će da pazi da se to što će poneti uz put ne pokvari i ne izlomi. i posle će mu ispričati o njima, svojim gazdama: Sofki, materi joj, ocu, a najviše o njihnom dedi, kod koga je ona služila. I to ne zato da bi on od nje doznao za njih, jer po njoj, ceo je svet morao znati za njih, nego kako bi tolikim svojim pričanjem ona Arnautinu pala u oči, te da posle on, kad odnese i isporuči pozdrav od sviju, uzgred kaže da je tu bila i neka starka, a on će onda, efendi Mita, setiti se nje i znati da je to bila ona, njihna Magda.

I zaista, Sofka posle nekog vremena kroz prozore odozgo ugleda Magdu. Izišla iz komšiluka i ide onom ulicom koja vodi pravo gore u čaršiju, gde je pazar i gde su ti hanovi. I bojeći se da nije zadocnila, gotovo trči. Jednako gura čas na levu čas na desnu stranu svoju ovlaš povezanu kratku kosu na glavi. Čas pođe lako, umori se. Jedva vuče na bosim nogama one spečene papuče, čas ih izuje, uzme u ruke i potrči. Ali opet svakog se časa zaustavlja: ili da skloni koje malo dete sa sredine ulice, da ga ne bi koji konj ili tovar pregazio, ili da kome odgovori na pozdrav.

Posle dugog vremena Magda se vrati zajedno sa dva šegrta koji doneše čitavu rpu basme. Sofka je znala kako je sad Magda sa tim šegrtima navlaš prošla kroz komšiluk, da bi svi videli Tu basmu za Sofku i zavideli joj.

Posle, pred veče, kad se poče dan kloniti, bilo je vreme da se ide na groblje. Zvona već stadoše da prodiru kroz gužvu i vrevu iz varoši. Gore do Sofke poče da dopire vika, blejanje stoke, i ukrućivanje otrgnutih konja s pazara, i razilaženje selaka. Iz čaršije se sve više i više dizala graja, vreva, šum, i to je sve brujalo i na sve se strane mešalo sa prašinom, dignutom usled polivanja i čišćenja ispred dućana. Simidžije već počeše da se viđaju kako silaze iz čaršije, razmileli se po sokacima što vode na drumove. Trče besomučno, da dostignu mušterije. Zavalili se od korpe simita. Džepovi im, naduti marjašima, klate se oko njihovih nogavica. Oni razvalili vilice, optrčavaju oko seljanki i silom im guraju i nude stare, podgrejane simite.

— Tetko, vrući! tri za dvaest para!

A seljanke beže, sklanjaju se od nih, uverene da će im podvaliti. Ali najviše se sklanjaju i beže strepeći da ih ne pregaze konji pijanih seljaka, koji tamo po čaršiji zastaju ispred svake Mehane, da još ispijaju okanice, pa onda kao besni jure ovamo na konjima. Iz nedra im ispadaju stvari što su nakupovali i poneli svojima u selo. Gaze sve ispred sebe, naročito Cigane, i Ciganke. Ciganke u novim žutim šamijama, starim anterijama, beže ispred njih i, kao da ih umilostive, okreću se k njima i ponizno ih mole:

— Nemoj, gazda! Aman, gazda!

— Đid, bre! — krkljaju oni. Konji im se propinju nad njim ali one, smrtno uplašene, beže ma na koju stranu.

Dole Magda se uzrujala. Ne može da sačeka mater dok se obuče, već uzela korpu s jelom i ponudama, što će se nositi na groblje, i stala ispred kapije. Metnula korpu na glavu, te joj svilen peškir, prebačen preko korpe, svojim krajevima zaklonio celu glavu, i valjda zagrejana od one vreve, graje iz čaršije, svaki čas naviruje ovamo i viče:

— Hajde, snaške, već sav svet ode na groblje!

A zaista, više njihove ulice, kroz kapidžike, iz sporednih ulica, gde nema meteža, već se čuje kako idu žene, starke i sluge ka groblju. Neke prolazeći pored Magde zapitkuju je:

— Hajde, Magdo! Ode li i snaška Todora?

— Nije, nije! Sad će — odgovara im Magda, tupkajući papučama.

Sofka je međutim sišla i ovamo u kujni mater nameštala. Čisto i Sofki. milo što joj je maTi, sada ovako obučena u novo, u toj svilenoj anteriji, lakovanim papučama, skupocenom zagasitom količetu, koje joj tako toplo i pripijeno stoji oko polovine, došla sasvim lepa i sveža. Samo, valjda usled pomisli na groblje i plakanje, već joj i sad oko vlažno a usta toplija. A Sofka je znala da je to, pored ovoga, i zbog današnjeg očeva glasnika. Ma da otac po njemu nije kazao da će doći, ona je ipak po tome slutila, nadala se da će ih možda sada, za Uskrs, pošto nije toliko vreme dolazio — valjda jednom obradovati i doći k njima. Zato je ona sad, osećajući se pred Sofkom kao kriva, za te svoje nade i misli o njemu, svome mužu, stideći se te svoje slabosti, jednako krila od Sofke glavu i pogled i otimala se od nje da je tako dugo ne namešta i doteruje.

— Dosta, dosta, Sofkice! — prekidala je i zaustavljala Sofku, a ipak videlo se kako joj milo što joj odelo tako lepo stoji.

Pošto materi lepo veza šamiju, da joj jedri obrazi i ovalna brada odskočiše, vezavši joj ispod grla belu svilenu i meku maramicu, Sofka iziđe zajedno s njome i isprati je do kapije.

I kad za njom i Magdom zatvori kapiju, ona se brzo, gotovo trčeći, ispe gore i kroz prozor otpoče ih odgledati. Vide kako mati joj ide čisto ponosna i radosna. Zanoseći i zabacujući plećima sa svakom se ženom, kako koja iz komšiluka naiđe, zdravi. A sve one ili iza nje ili oko nje stupaju u društvu. Eno i tetka joj, Simka, čija je kuća odmah na ćošku do druge ulice, crnomanjasta, suva, koja je odavna ostala udovica i večito ide po sudovima parničeći se sa seljacima, nikako ne mogući da veruje da je njen pokojnik zaista mogao toliko da potroši i imanje seljacima da proda, a njoj i deci ništa da ne ostavi. Eno Kako sa mlađim sinom izlazi i, čim opazi Todoru, Odmah joj prilazi ruci, ljubi je. I Sofka ovamo zna kako joj sada ona tamo sigurno govori:

— Kako si, snaške? Eto ja danas imala neko ročište u sudu, pa eto jedva stigla da i ja pođem na groblje. — I produžuje sa njome put.

Mati, kao uvek idući u sredi njih, ide napred, i kao predvodeći sve ostale, zamiče naposletku sporednom ulicom, i gubi se ispred Sofkinih očiju. Sofka ostade i dalje nagnuta na prozor osećajući kako joj šalvare dugo, teško padaju po kukovima i kako joj se puna pleća, usled tog njenog ugibanja i uvijanja, dodiruju. Ali odjednom se trže. Kroz prozore više nje, igrajući se i dobivajući ružičastu boju od crvenih ćilimova, trnula je svetlost od sunca, koje zalazeći iza brda, snopovima je obasipalo varoš crveno, žarko, kao krv. Međutim iz varoši sve je više i više nestajao onaj žagor. U osvetljenom vazduhu iznad glavne čaršije, pazara, samo se dizao i lelujao oblačak od prašine. A dole, iz kuće, iz kujne i one velike sobe, ništa se nije čulo; takođe ni iz dvorišta, ni iz bašte. Zato se Sofka i trže, jer, uznemirena baš tom tišinom, mirnoćom, predvečerjem, kroz raširene nozdrve poče osećati kako se iz dvorišta pokreće i počinje da osvaja onaj sveži baštenski ćuv. Po bašti lišće šušti; iz trave i aleja cveća diže se onaj vlažan i jak miris.

A znala je kako će se to sve više odvajati, snažiti i otuda kroz tu tišinu ovamo do nje prodirati. A ta će se tišina sve više, sve jače širiti. Sve, kao umorivši se od dnevna rada i svršivši što je trebalo, počeće da se povlači, odmara i čeka veče, noć. Tek po koje, kao zadocnelo, čuće se krcanje đerma na bunarima, tek po koji bat ulicom. Žureći se, ako prođe tek po koji sluga, čirak, noseći iz čaršije što je gazda za kuću nakupovao, a obično na mašine navlačene i ispeglane fesove, ili gotove haline, uzete tek sada od krojača. Jedino što će se sa crkava, i varoške i šapranačke, neprestano zvoniti. A sve će drugo postajati tiše, mirnije i tamnije. I kao uvek, i tada se Sofka najviše bojala i plašila.

Zato, ma da je znala da je kapiju zatvorila, ipak bacivši šamiju na kosu i na prsa, siđe dole. Čisto sa strahom, grabeći, dok je još videla, uđe u kujnu i zatvori vrata od one velike sobe. U samu sobu nije smela da uđe, jer tamo, u kraju sobe, već je bilo mraka. I kada i samu kujnu za sobom zatvori, oseti se slobodnija. Još jednom ode do kapije i, pošto se ponova uveri da je zaista dobro zatvorena, poče se vraćati malo umirenija i staloženija.

I ona, vraćajući se od kapije, prolazeći pored bunara, kao svakada pri takvim večerima, kada bi bila tako sama, zatvorena, poče osećati neku draž, i to draž u pokretima tela. Ali baš zato nikako više nije smela da se vrati gore, na gornji sprat i tamo u onoj sobi sama da ostane, jer je znala da će je odmah početi da poduzima ono „njeno". Znala je da će, ma da joj je sada mati na groblju, kroz nekoliko dana eto Uskrs i cela ova nedelja strasna i plačna, kada čovek ne treba ni da se nasmeje — ipak, ipak, pored toga što bi znala da je greh, nju sve više i više obuzimati ti osećaji, ta draž, milje, golicavost.

I da sve to ne bi bilo, ona, tobož poslom, poče jednako švrljati po dvorištu, a najviše oko kapije, do koje je ipak dopirao žagor, koji je hrabrio. Ali međutim iz bašte poče da bije svežina i to tako slatka i bujna. Sa groblja jednako je zvonilo, a nekako čudno, teško, odmereno, da od toga Sofki bi tako mučno. I ne znajući ni sama zašto poče da je podilazi vatra. Nije mogla da ode u kujnu, još manje da uđe u spavaću — onu prizemnu sobu, veliku, mračnu sa dolapima i kupatilom. Bojala se da se ko otuda iz onih otvora i rupa ne pojavi. Zato, pored svega što nije htela, što se ustezala, ipak pobeže gore. I tamo, u sobi, do prozora, na minderluku sede međ crvene i meke jastuke čupavce. Snaga joj poče goreti, čelo, ruke sve u znoju. Nije smela da se makne, a kamo li vrata i prozor da zatvori.

Ko zna dokle bi tako sedela da se već jednom odozdo, sa kapije, ne ču tiho kucanje. Ne jako i silno, nego kao kad je čovek umoran, pa da ne bi privukao pažnju prolaznika on ovlaš samo kucne, tek da ga ovamo u kući čuju i što pre mu otvore. Odmah za kucnjem ču se umoran materin glas:

— Sofke, otvori!

Sofka zaradovavši se pođe. A i vreme je bilo da se one, majka i Magda, vrate, jer su već zidovi oko kuće i kapije mirisali na naslaganu prašinu od današnjice. Ali dok ona siđe i polako poče ići ka kapiji, a ono Magda, koja je kao uvek bila ušla odozgo kroz komšiluk, da bi prekim putem pre matere došla i otvorila joj kapiju, već stiže, i, ostavivši korpu u kujni, preteče Sofku na kapiji.

— Neka, Sofke, ja ću! — odbi je ona, žurno otvarajući kapiju, na kojoj je čekala majka, stojeći tromo, predišući od umora, a i od jela i plača na groblju.

— Dođoste li? — upita je Sofka kratko, uzimajući od matere peškir u kome su bile pre, kad su pošle od kuće, uvijene sveće, bosiljak i cveće za groblje, a sada, kada se vraćale, bilo kolača i drugih ponuda.

— Eto! — odgovori joj mati i uđe.

Sofka osta, da ponovo zaključa i zatvori kapiju, slušajući kako Magda trči ispred matere, da tamo pre nje stigne i u kujni raspremi, upali sveću i osvetli sobu, da joj se ne bi snaška, onako u polumraku, ulazeći spotakla o što. Sofka se za njima vrati osećajući kako je od svega ovoga postala mrzovoljna i umorna. Uđe i ona u sobu kod matere.

U kujni je već Magda radila. Palila je oganj na ognjištu i raspremala onu veliku korpu što je na glavi donela, sa puno ostataka od pite i jela, što se nije moglo da razda, a još više od drugih pita i jela, što su nadobivale u zamenu razdavajući po okolnim susednim grobovima. I svaki čas, kao svakada kada bi dolazila sa tih podušja, usled mnoge ispijene rakije, jednako nateže testiju sa vodom. I, da je ne bi umrljala, naslanja je o lakat ruke i njime izdiže i prinosi ustima, da bi joj pucalo grlo. Odahnjuje ne mogući da se pribere od žeđi. I tobož nije joj tako slatka i prijatna zbog zagorelosti od pića, već što nije htela za sve vreme, dok je bila tamo po groblju, da pije druge vode, iz drugih bunara, jer sve one ne valjaju, ne mogu ni da se prinesu ovoj vodi njihovoj, iz njihovog bunara, te odahnjujući, govorila bi:

— Oh, oh, što je slatka ova naša voda! E, baš je nigde nema!

I da zabašuri sve to, poče se okretati Sofki i, po običaju svom, pričati joj šta je bilo tamo, na groblju: koja je kakvu pitu umesila, i šta donela za razdavanje; kad je došla, dockan ili rano; kako žalila i naricala; koga najviše od pokojnih spominjala: da li muža, oca, da li sina, svoje dete jedinče, i koliko, do kog vremena plakala; kako je bila obučena. A naročito sve to za matere onih Sofkinih drugarica za koje je Magda slutila da ih Sofka ne voli, osobito Milenkovih, Trajkovih.

Mati, pošto je i sama bila umorna od svega, prekinu Magdu obraćajući se Sofki:

— Hajde da večeraš, Sofke! Donesi, Magdo!

Sofka joj ne odgovori. Ali joj mati ne dade. Pokazujući glavom u kujnu na onu korpu sa jelom i komađe pita, poče da je nudi:

— Uzmi, uzmi. Makar okusi. Znaš da treba i ti što u pokoj duše da uzmeš.

Sofka, mrzeći je da se odupire materi, pristade.

A nikada nije volela ta jela što se donosila otuda sa groblja. Uvek pored mirisa samih jela osećao bi se i drugi miris u njima, miris tamjana, pokapanog voska od sveća i suvih, istrulelih, oko krstača izvešanih šimširovih venaca. Čak bi se osećao I miris one zemlje grobljanske, sa samoga groba. Magda držeći široku siniju i nagnuta nad njom a nogama jednako gurajući ispred sebe na što je nailazila, da se ne bi spotakla, stavi je ispred Sofke. A na prvom mestu se isticalo jedno veliko parče pite, koje se i belinom svoga brašna i množinom jaja i sira odlikovalo.

— Evo, na, Sofke! — poče je Magda nuditi njim, pokazujući glavom. — Ovo ti je poslala tetka Stoja i molila me, Bog zna kako, da te pozdravim: da uzmeš i okusiš od te njene pite. od nje nije ni razdavala drugima. Samo je za tebe i mesila.

Mati čisto surevnjiva na tu ludost te Sofkine tetke a svoje sestre, kao da ona ne bi imala da umesi Sofki, što bi joj se jelo, već eto ona, koja toliku decu ima, od imanja samo kućicu i vinograd, a muž joj gotovo nadniči — poče Magdu grditi:

— A što si joj uzimala? Što toliko parče, gotovo pola tepsije da ti dâ? Nema ni ona da jede, a kamo li drugome...

— Pa nisam mogla, snaške — poče da se brani Magda. Kada odoh kod nje, ona me jedva dočeka: „Sedi, Magdo! Od kad se nismo videle!" I onda daj rakiju, daj ovo, daj ono, i odmah ovo parče mi nudi. Čak je bila odavna spremila, odavna uvila u peškir. „Na, Magdo! Ovo je za Sofku. Od čistog je, mutmelj brašna. Samo jaje i mleko. Zna tetka šta mi Sofka voli, pa je tetka za nju ovo spremila. I mnogo da mi pozdraviš Sofku, Sofkicu našu. Tetka od kada je nije videla. I kroz dan, dva, ako ugrabim priliku, gledaću da dođem i da je vidim"...

Majka znajući sve to, samo odmahnu rukom, da bi ova prekinula. Sofka gledajući tu množinu jela, pita, po tepsiji, uzimala je od svačeg ovlaš, međ prstima, i gotovo samo dodirivala ustima. A najviše je uzimala od te tektine pite.

Mati je jedva opet čekala da Sofka svrši sa večerom. I zaista, čim se Sofka prekrsti i, obrisavši skut od mrva, odmače od tepsije, i Magda ponovo iznese u kujnu, mati joj se odmah diže. Odmah poče da se skida i raskopčava, naredivši Magdi.

— Hajde nameštaj, Magdo! — I produži jednako da se skida, razvezuje šamije, da joj lice i pun vrat sa modrinama, gde je jače bilo stegnuto, bivaju sasvim slobodni; da skida anterije, jeleke i pojase, te da joj se snaga, prsa i suviše pune joj ruke i mišice, oslobođeni tesnoće — ma da je eto već bila u godinama — ipak nekako još sveže i opojno pojavljuju.

Magda je za to vreme iznosila iz onih dolapa, gde su bile savijene spavaće haljine, pokrivene belim čaršavom, dušeke i jorgane. Istina dušeci su bili skupoceni, teški, od same vune, ali stari, i pored najnovijeg, najopranijeg čaršava, kojim su opšiveni, nije moglo a da se ne oseća onaj vonj starih, toliko puta krpljenih, prešivanih a nikada nerastresivanih spavaćih haljina. I valjda usled svakidašnje upotrebe i stajanja na jednom istom mestu, bili su gotovo uplesniveli. Takvi isti su bili i jastuci, čupavci, dugački, ali sa grudvama. Takođe i jorgani sa prvobitnom svilenom postavom, teški, topli, jer su bili od čistog pamuka, ali i tanki, proređeni.

Magda, pošto razastre, namesti, donese i metnu više glave testiju sveže vode, čiji je grlić bio zapušen zelenim lišćem, iznese sobom sveću u kujnu, da bi se Sofka i mati u pomrčini sasvim svukle i legle. A ona tamo u kujni, kao obično, pre no što leže, poče da zatrpava, gasi i poliva vodom vatru u ognjištu, te da ne bi noću ko zna kakva iskra prsnula, i Bog zna šta se učinilo, možda čitava kuća zapalila.

Sofka i mati svlačile su se ćuteći. Mati pre Sofke bi gotova. I pošto na brzu ruku, ovlaš prekrstivši se, odmrmlja molitvu, od koje kao i obično

NEČISTA KRV

Sofka ču samo svršetak: „Gospode Bože i sveta Bogorodice, molim ti se"... brzo leže i pokri se jorganom, čak i preko glave. I tek, kao odahnuvši i oslobodivši se od svega ovoga, brzo i zaspa. Poče da se čuje ono njeno umereno, u dubokom snu pućkanje na usta. Sofka, pošto uvi drugom starom šamijom svoju tešku kosu, da joj se ne bi u spavanju umrsila i sutra je morala ponovo da češlja, leže pored matere. I ona se pokri isto takim skupocenim jorganom, ali isto tako tankim, proređenim, i koji joj se zbog toga uvek pripijeno obavijao oko nje, te joj se, tako ležeći na strani, sa prebačenom rukom duž sebe, jasno ocrtavala ona obla dužina tela, kukova joj i nogu.

Nije mogla da zaspi. Čekala je da dođe san i, s vrelim prstima ruke, osećala je kako noć sve jača, tamnija i usamljenija biva, kako mati iza nje uveliko već spava. Iz onih dolapa, iz kojih su iznete spavaće haljine, a oni ostali slučajno nezatvoreni, bije neka studen; iz kujne vlaga od polivene vode i razvejan pepeo usled zatrpavanja i gašenja ognjišta. Jedino, odozgo sa gornjeg sprata, kroz napukle tavanice, što dolazi suvota od starih dasaka, šindra i ukrasa drvenih po rafovima, sobama i doksatu. I onda sve bi to tonući zajedno sa njima sve dublje i dublje u noć i tamu padalo, i bivalo pokatkad prekidano otuda iz kujne iznenadnim šumom, zvonom tepsija, sahana, od miševa, koji bi pored njih protrčavali, i onda njihovim tamo grickanjem ispod kovčega, naćava. A iznad svega čulo se jednako, iz dna kujne, oko ognjišta, hrkanje Magdino. Ona, kao uvek, spavala bi podbočene glave o ruku, obučena, čak i sa papučama jer, zaboga, sutra, čim zora, ona mora da porani, prva ona da ustane, toliki je posao čeka!

VI

Pred sam Uskrs, u subotu u veče, Sofka primeti kako je, kao i svake godine, došao najstariji Magdin sin. On, pošto po varoši sve nakupovao što za njegovu kuću u selu trebalo, pošavši natrag, svratio k njima.

Magda nije dala da on takav i sa onim njegovim prostim konjićem uđe na kapiju. Na kapiju je samo njega pustila, a njegovog konjića krišom, da niko ne vidi, iza kuće uvela i tamo u kraju bašte za neko suvo drvo privezala, da uz naramak sena ili trave drema, čeka, dok njegov gazda posvršava određene poslove: dovoljno naseče drva, sa česme u velikim sudovima donese vodu; po dvorištu ispred kuće travu počupa i rasčisti... Pa onda, pred sam mrak, kada počne cela varoš da se potresa od cviljenja, i blejanja jaganjaca, da i on ode i, za svoj novac, kupi najbolje i najugojenije jagnje, odmah ga do kapije, ispod šamduda, okačivši omču od starog nekog i masnog užeta, tu zakolje i odere. Ali prolivenu krv da ne počisti, da bi se po njoj sutra, kada gosti dođu, videlo kako je celo jagnje zaklato a ne da je sa kasapnice na čerek kupovano. I kad bi sve to svršio, uredio, ne pojavljujući se, i ne kazujući se ni materi ni Sofki, gotovo u crni mrak ode u svoje selo. I onda bi se čulo kako Magda, prateći sina, kao svake godine, naređuje mu i poručuje:

— Pa sutra da ne zaboraviš i da poranim, i ti prvi da dođeš na čestitanje ovde. I ono prasence gledaj da dobro urediš i donesem, da ne zaboraviš!

— Hoću, nano! — ljubi je sin u ruku.

— I — nastavlja Magda — nemoj Staja (njegova žena) da pogaču prepeče. Neka gleda da je od čistog brašna. A ti od one naše rakije jedan pangur da natočiš, i da mi doneseš, za mene, jer ne mogu ovu njinu „varošanku" da pijem. — I bacajući se sinu o vrat i ljubeći ga strasno produžavala bi. — A sad u zdravlju i sreći da mi sutra dočekate slatki i mili praznik! Sve mi pozdravi, i svi mi zdravi i veseli bili!

— Hvala, nano! Hoću, nano! — jednako odgovara ljubeći je po ruci brzo, i krijući se, da ih ne bi opet Sofka i mati, njine gazde, videli i nasmejali im se za tu njihovu „seljačku" ljubav, odlazio bi iza kuće, odvezivao konjića, usedao na nj i, srećan, slobodan, jezdio put sela i mraka, koji bi se počinjao hvatati.

Magda i mati celu noć ne zaspaše, jednako uređujući i nadgledajući oko lonaca jela. Sofka sa svojim sobama gore bila je odavna gotova. Gore su je čak čekale već nove haljine, sašivene od one nove basme. Kratak, dosta otvoren jelek sa žutim širitima kao i šalvare sa velikim kolutovima oko džepova i nogavica od poređanih zlatnih, žutih gajtanova. Sofka ih je već juče probala, da vidi da li su joj dobre. Ali su joj izgledale nezgodne što učkur i nova basma nije bila ugužvana i umekšana, te su je greble oko polovine. A cele šalvare izgledale su joj kao da nisu njene, jer, zbog toga što su bile krute i nove, činile joj se šire i kao da se ona iz njih više vidi, kao da je gola.

Sutra, na sam Uskrs, kuća obasjana, suncem, nameštena i spremljena, izdizala se i sjala svojim starim poleglim krovom sa onim nekolikim već naerenim ali okrečenim dimnjacima i sa opranim prozorima i oribanim vratima od soba na gornjem spratu a osobito sa onim od mnogog ribanja već žutim kao vosak starim stepenicama. Cela ona, sa tim gornjim spratom ispred sebe, obuhvatala je sve ono polje, bašte, njive i drum, kojim se ulazilo u varoš i prolazeći pored nje išlo gore u čaršiju. Sproću kuće i iza nje ležala cela varoš, sa crkvom, sahat-kulom, pazarom, brdima, vinogradima, i dok se sa tog njinog gornjeg sprata sve ovo moglo da vidi, dotle sa ulice, zbog one njihne velike dvokrilne kapije, nikad se nije mogla cela kuća videti. Ali sada, pošto je, kao svakog praznika, kapija bila širom otvorena i njena krila poduprta sa dva velika kamena, sva se kuća videla. Čista, spremna, i kao izložena, stoji otvorena za goste, za taj svet spolja iz varoši. I sada po njoj, što jači dan, sunce sve svežije i toplije zagreva a sa crkve jače i uznemirenije zvona zvone, iz ulica svet sve više izlazi i ide ovamo po ulici, i Sofka i mati i Magda sve užurbanije, uplašenije trče, silaze, penju se po stepenicama.

Bile su spremne. Čak i Magda, i za čudo sasvim kao što treba, do grla zabrađena novom šamijom i sa zakopčanom košuljom. A ta zakopčana joj košulja oko vrata za nju je najgore bilo. Još pored toga bila je Magda i u sasvim novoj, širokoj seljačkoj futi; na nogama takođe nove čarape. Samo papuče nije mogla da trpi, već išla bez njih, a to sve zbog tih novih čarapa, koje su joj noge i suviše ugrejavale. Videlo se kako svaki čas izlazi iz kujne, i sa iscepanim drvima vraća se natrag.

Gore, nasred gostinske sobe, stajala je mati. Obučena u svilenu anteriju, opasana novom, tankom boščom i sa prekrštenim rukama na pojasu. Bila je uzrujana. I radosna i uplašena. Usta su joj jednako mrdala, a po okruglom i punom joj licu, naročito oko jagodica, pokazivala se rumen. Jednako je onako stojeći punila i svaki čas ispijala kafu, a oko nje, kao uvek, bio je prostrt iznad asura, da bi bilo mekše i ne čuo se hod — onaj veliki, stari ćilim sa Solomunovim slovima. On je celu sobu ne samo ispunjavao, nego i bio veliki za nju. Morao se oko krajeva da podavija. Okolo po sobi minderluk sa jastucima a pokriven uskim čupavcima, mekim i crvenim koji su pod dodirivali. Po rafovima poređani sahani, naročito ibrici, šolje i sudovi za piće i posluživanje. I sve to, istina od starog zlata, sada oribano i očišćeno, jasno je odudaralo svojom žutinom od crvenila nameštaja. Pored ona dva prozora, sa belim kratkim zavesama, koja su gledala na crkvu i varoš, kao i ova druga dva suprotna, koja su gledala dole, na polje, bašte i drum, još svežijom i prostranijom činila je sobu i ona množina po belo okrečenim zidovima povešanih svilenih i kao val lakih peškira. Svi išarani starinskim šarama i starim zlatom. I ma da su bili već počađaveli, ali, usled svoga njihanja, pokreta pri svakom ulazu, otvaranju i zatvaranju vrata, činili su da po sobi uvek biva hlada.

Sofka se još nije bila sasvim obukla. A i nije nalazila za potrebno, pošto je znala da će oni, što će početi sad prvi dolaziti, biti većinom seljaci, nekadašnje njihove čivčije.

I zaista prvi počeše dolaziti seljaci. Svi oni dolazili su otuda iz bašte, gde su na gornju kapiju ušli, da bi u bašti, iza kuće, konje ostavili. I čim uđu, prvo bi išli u kujnu, a opet svaki sa pogačom ili kojim drugim poklonom. Posle sa mukom su se penjali gore kod matere i, još sa većim nestrpljenjem, tamo u sobi, ne sedajući već klečeći u kraju, do zida, a nogama odgurnuvši ćilim, da ga ne bi uprljali, čekali su da se svrši posluživanje, razgovor, pa da se opet povrate u kujnu kod Magde. I tu bi, oko ognjišta, na kratkim stoličicama sedeli, pili rakiju, koju bi im Magda grejala i sa njima pila. I svaki čas posle, kada gosti iz varoši počnu da dolaze, oni, držeći ispod sebe stoličice, iziruju i sa strahopoštovanjem gledaju kako su ovi obučeni, i kako se slobodno penju na stepenice, sedaju tamo, piju i razgovaraju se i to glasno, da se i kod njih ovamo u kujni čuje.

Za sve to vreme, dok su oni seljaci dolazili, Sofka se nije oblačila. Šuškala je dole u spavaćoj sobi. Zagledala odelo, minđuše i spremala šta će obući. Ali kad zvona pri kraju službe počeše naglo da rastu i rasturuju se na sve strane po varoši kao poslednji put; i kad do nje ovamo u sobu poče da dopire iz ulice bat koraka, glasni razgovori; i kada mati, videći i sama odozgo, iz sobe, kako se oko crkve izlazeći iz nje, crni svet i rastura, — poče ona Sofku odozgo žuriti:

— Hajde, Sofke! Vreme je, Sofke! Tek što ko nije došao.

Sofka se tek onda poče oblačiti. Osećala je draž od one lake, čiste košulje, gotovo žute od mnoge svile; od onih dugačkih, i kao sve nove, više nego obično, teških šalvara, nabranih u bore. Samo oko jeleka je imala mnogo posla. On joj je bio mnogo otvoren i mnogo tesan. Jedva ga bila zakopčala, te je posle morala jednako da izvija plećima i bedrima, probajući da li joj od tesnoće neće gdegod pući. Ovlaš poveza se kratkom, svilenom i zatvorene boje maramom. U uši obesi one materine u rodbini nasleđivane zlatne minđuše sa velikim dukatom, koje su bile spojene zlatnim sitnim i dugim lancem, čija je sredina bila utvrđena za takođe zlatnu kuku, koju zabode gore po potiljku na šamiju, te je polovine od tog lanca počeše golicavo a hladno da dodiruju po vratu i leže joj po ramenima. Kosu nije htela sasvim da zaglađuje oko čela. Naročito iza uva ostavi je, da ima malo pramenova, te da bi oni svojom senkom kao sakrili onu udolicu ispod ušiju ka vilici, a i ceo joj obraz od te senke došao tamniji, ovalniji. Od cveća zakiti se samo jednom kitom svežih, u bašti nabranih zumbulova i međ njima jedina bela lala. I to se zakiti ne gore, više čela, nego po potiljku, naniže, niz kosu. I sa osmehom, videći kako joj to sve lepo stoji, iziđe, i čisto zapahnu u kujni sve.

Seljaci nemo, iznenađeno se digoše. Počeše da joj prilaze ruci, ali ona ne dade. I sa istim osmehom, sa očima malo zatvorenim od zadovoljstva, u lakovanim cipelama, zakopčanim na kopče, s visokim potpeticama, koje su joj dobro činile, jer joj zbog njih šalvare nisu dodirivale zemlju i dizale prašinu, pope se gore, materi.

Kao svakad čestita materi Uskrs i poljubi je u ruku. Mati, ushićena a i potresena — ko zna kakve joj misli tada dođoše kada je vide toliko lepu i ne toliko raskošno koliko prosto i ukusno nemeštenu — grleći je, ali polako, da joj ne poremeti ni kosu, ni odelo, poljubi je, ne u čelo, kao mati — već u usta, kao sestra:

— Vaistinu vaskrse, čedo moje! I tebi srećan dan, i živa i srećna mi bila!

Sofka sa velikim poslužavnikom, pokrivenim izvezenim peškirom, siđe natrag u kujnu, da po njemu poređa čaše i šolje, kojima će se gosti služiti.

U tom Magda istrča iz kujne i polete kapiji. Na kapiji, poštapajući se i vođen dečkom, pojavi se stari „deda", sveštenik Rista. Gotovo slep, poguren, duge, od duvana i čibuka gotovo žute brade, i obrastao gustim belim dlakama oko očiju i obrva. Trese se od starosti i jednako se muči zagledajući oko sebe, da li je zaista tu, kod njih. Njegova dosta iznošena duga mantija klimata se oko njega.

Magda mu priđe ruci. Celiva ga i čestita praznik. On je poče dugo, trepćući, gledati, ne mogući da je se seti, tako da Magda tupkajući ispred njega sama poče da mu se kazuje:

— Ja sam, dedo. Ja, Magda, Magda.

Jedva, kao kroza san, on se seti nje i nekim kao izmučenim od starosti, od usamljenog sedenja i bdenja u svojoj sobičici, dugim a još jakim glasom poče:

— Ama ti li si, Magdo? A ja ne mogu, mori, da te poznam.

I vođen Magdom pođe. Mati brzo, sva radosna što ih on nikako ne ostavlja, nikako ne zaboravlja da prvo njih ne poseti, siđe i istrča preda nj.

— Hvala, dedo! Srećan ti dan i praznik, dedo!

I pošto ga poljubi u ruku, a drugom rukom držeći ga ispod pazuha, produži da ga ona vodi. On tresući se, oslanjajući se i pipajući svojim štapom, koji je bio masan, išao je i jednako kao budeći se govorio:

— O, o Todoro! Kako si mi, Todoro? Šta mi radiš, Todoro?

I Sofka istrča, i ona obradovana njegovim dolaskom poljubi ga u ruku. I on, okružen njima, poče da se penje i da se nećka:

— Ama ne mogu ja gore. Bolje je dole, tu u kujni da ostanem, jer ja ne mogu.

— Možeš, možeš, dedo.

I njima dvema pridržavan, poče se peti. Prvu bi nogu lakše digao na stepenicu, ali je sa drugom teško išlo, dok bi je digao i metnuo do one prve na stepenici. Sav je zaudarao na burmut, duvan, i na neki star ali i suv, osvežavajući zadah. I kada se s mukom gore pope, i kada bi posađen na minderluk, kada se oseti da je seo, da je siguran u mestu, on poče:

— Pa kako ste mi? Šta mi radite? Jeste zdravi i živi? — Ja eto — više kao za sebe produži istim onim otegnutim glasom — nikako u smrt, nikako na onaj svet. I molim se Gospodu, ali on neće, pa neće da me uzima. A teško je, Todoro. Ne može se više. Već i ne vidim, i ne čujem, a i na smetnji sam onim mojima.

I onda otpoče da se tuži, kao svi suviše stari ljudi koji, ne što im se ne mili živeti, nego što vide koliko ih njihovi u kući ne paze, digli ruke od njih i u neko udaljeno sopče metli ih da sede. I tamo, što bi im se donelo, to bi jeli i pili. A već od starosti, prosutosti ne smeju kćeri i snahe ni da ih dvore, ni da k njima ulaze, već samo sluge, i to muški. Ali, kao da se seti da nije u redu, naročito sada, da o sebi priča, prekide i poče da pita o njemu, efendi-Miti, koga je on krstio, docnije sa Todorom venčao, i sa čijim je ocem, Todorinim svekrom, bio nerazdvojni drug još iz detinjstva.

— Pa šta mi radi moj Mitica? Gde je? Zdrav li je? I što mi se nikada ne javi, kada dođe, da ga vidim. Koliko puta pitam one moje za njega i za sve vas, a oni ili mi ne odgovore, ili možda mi nešto i kažu, ali ja ne čujem, pa mislim da mi ništa i ne kažu.

— Zdrav je, ‚zdrav, dedo! — dovikivala bi mu Todora oko ušiju. — Eto pre tri dana poslao Arnautina. Sve pozdravio, nama poslao nešto novaca, da nam se nađu za ovaj dan, a Sofki neke svile i basme. Ne može još da dođe. Zakasao u neku trgovinu.

U tom Sofka dođe sa poslužavnikom, te mater prekide. I dok ga je Sofka služila slatko, smešeći se što on ne vidi, ruke mu drhte sa onim njegovim žutim, koščatim prstima, te je ona sama morala kašičicu u usta da mu meće, dotle mu mati bila načinila cigaru i pripaljenu uturila međ prste. A još kada Sofka, znajući da on to voli, ne kao obične goste po jednom čašicom rakije služila, već na stočiću, primaknuvši mu ga do kolena, poređala pet, šest čašica, a mati takođe, čim popuši jednu, ona već drugom gotovom, zapaljenom ga nudila, on sav blažen, srećan, razgrnuvši mantiju i raskomoćavajući se, poče da ih blagosilja i Bog zna kakvim imenima im tepa.

Ali u tom odozdo dete, koje ga je bilo dovelo, poče da viče: kako je vreme da ga vodi natrag. A po tome odmah su Sofka i Todora znale da naročito rakijom ne treba više da ga nude, da su njegovi iz kuće zato tog dečka i poslali da ga on vodi, a u isto vreme i da pazi na nj, da dugo ne sedi. Bojali se da se tako ne zanese, pa ne samo kod njih nego i po ostalim kućama ne pođe na čestitanje, i ne opije se. Jer su znali kako je, kad mu se ukaže prilika, i onako star, oblaporan, kao neko dete.

Ne toliko što je podražavan od Todore i Sofke, nego više usled rakije, a i što se nije peo nego silazio, kretao se brže i lakše. Siđe gotovo sam. Sofka i Todora ispratiše ga do kapije, i odgledaše kako poštapajući se, presamićen, ide sâm, ne dajući da ga dete vodi, već zamahujući onom drugom rukom čak iza leđa.

U tom i ostali tetini, stričevi, komšije počeše da dolaze. Dođoše i svirači. Njih je Magda dole častila i ona im naređivala šta će i dokle da sviraju, prekidala ih i otpraćala.

Kuća se ispuni. Sofka je jednako silazila i pela se noseći poslužavnik sa kafama i rakijom. Ubrzo se gore u sobi ispuni raf od donesenih limunova i protokala. Deca su dole, u kujni, od Magde dobivala kolače i crvena jaja. Mati, sva srećna, služila je goste naročito duvanom i jednako razgovarala, svakom pričala i kazivala o njemu, efendi-Miti. I kao da je on tek sada iz sobe nekim poslom otišao, tako je usrdno, razdragano o njemu pričala.

Sofka je jednako ustrčavala. I ona je bila srećna, zadovoljna. Obučena u to novo odelo, ugrejana od služenja, sa osmehom na usnama, služila je jednako zagledajući da se ne uprlja u hodu. Ali najgore joj je dosađivao onaj tesan a suviše otvoren jelek. Jer, kada bi klekla oko ognjišta, da naliva kafu u šolje, uvek bi joj se iz jeleka prsa otimala, te je morala svakad košulju ispod jeleka da naniže povlači, da joj ne bi gore košulja na prsima bila odapeta, razmaknuta, te joj se videla prsa, naročito ona njihna tamna i strasna udolina. Tako bi joj i ostrag i ispod pazuha, gde je taj jelek bio malo isečen, kad bi zanosila rukom, ređajući šolje po poslužavniku, jasno odskakala cela obla, jedra plećka.

Ručali su dockan i to ne zajedno. Usled mnogih gostiju prvo je mati dole jela, onako s nogu, pa onda, dok je Sofka ručala, ona je sedela gore u sobi iščekujući da ko ne dođe. Posle ručka ta kođe ih je bilo. Došla cela rodbina, svi, ni jedan nije izostao. I još kada se čulo da je od njega poslat glasnik, dolazili su na čestitanje u veče i duboko u noć su sedeli.

VII

Odmah posle onoga glasnika očevog, prvoga posle tolikih godina, na sreću njihovu a najviše na iznenađenje, počeše da stižu i drugi glasnici donoseći od njega pozdrav i glas da je zdrav.

Međutim Sofka vide kako to mater ne samo da ne raduje, kao što bi trebalo u drugim prilikama, nego kako je ti iznenadni, česti njegovi glasnici, a osobito ti njegovi pozdravi, ta njegova neobična nežnost, počeše da bune, da je trzaju. Ispuniše je svu strahom i trepetom. Ali Sofka brzo vide u čemu je sve to. Mati joj se beše već sasvim pomirila s tom mišlju: da će se jednom morati sve to izneti pred svet, ogoliti; da će ih on sasvim napustiti, ako ne javno a ono bar tajno; da će, nikako ne dolazeći k njima i ne javljajući se, tamo negde svršiti, čak i navlaš, i nasilnom smrću umreti, da bi time i pred njima i pred svetom zabašurio pravu istinu...

Ali ipak, ipak sada, kad odjednom počeše dolaziti od njega ti glasnici, i to ne jedan, već i treći, i četvrti, ona se poplaši, poboja se da je ta njegova sad nežnost sigurno usled bolesti. Sigurno je sada tamo teško bolestan, pa, predosećajući skoru smrt daleko u tuđini, u usamljenosti, hoće time jače k njima da se približi, da im dâ na znanje kako su mu, pored svega što ih je bio napustio, ipak oni jedini na svetu mili i dragi. I Sofka vide kako joj mati, zbog toga straha da nije na samrti, i da im zato šalje glasnike, kao opraštajući se od njih, a ne mogući se od samih glasnika uveriti o onome u što je, sama po sebi, bila sigurna, jer svi su govorili da je zdrav, dok je međutim ona znala da ih je on naučio da tako navlaš govore, — krišom i od Sofke, posla naročitog čoveka, nekog seljaka, koga joj je Magda našla. I da se ne bi sam seljak dosetio zašta ga šalju, udesila je da ga ne ona, nego Magda, tobože na svoju ruku, šalje. Naravno da on nije smeo, kad tamo ode, pređe u Tursku i nađe ga, ni da mu se javi. Dovoljno je bilo da ga samo vidi: da je zdrav, da ne leži, i ništa više. A dalje: kakav izgleda, kako je obučen, gde sedi, s kim ide, bilo mu je zabranjeno da se raspituje. I zaista, taj je seljak otišao, našao ga i video da ne leži. I to je bilo dosta.

A što najviše mater umiri, to je što se i sam taj seljak bio iznenadio kad ga je, prelazeći u Tursku, našao odmah na samoj granici, u nekim hanovima na drumu. Dakle, bio je tako blizu, a ne, kao što su ove mislile, vrlo daleko, ko zna u kom gradu, u nekoj varoši čak kod mora.

Ali ta mirnoća materina ne potraja za dugo. On, ne samo što produži slati te glasnike i pozdrave, nego poče po neki put u istini, a ne kao pre što su se one samo pred svetom hvalile, da im i šalje po malo novaca i darove za Sofku. To još više uplaši mater.. Znala je da ni od kakve trgovine i njegove zarade to ne može biti. A opet, znajući da je on gotov na svašta, i da, ako se on reši na nešto, ma to bilo i najgore i najstrašnije, ona ima samo da se pokori tome i sluša, ona od slutnje, straha, gotovo se razbole. Nisu po- magali ni njegovi sve ljubazniji pozdravi i obilatiji pokloni.

I kada jedne večeri iznenada glasnik dođe i u poverenju saopšti joj da mu se nadaju, očekuju ga, jer će on noćas ili sutra na noć sigurno doći, ali da je naredio da niko to ne sme doznati, niko ga ne sme videti, mati sasvim malaksa i gotovo pade od straha. Ali, na radostan krik Magdin i kad ova potrča ka kapiji i bašti, da ide u komšiluk i tamo po običaju razglasi, đipi ona i gotovo da uguši Magdu, tako je silno zadrža, šapćući joj, da i sama Sofka ne čuje:

— Ćuti! Ko zna zašta dolazi!

Pa bojeći se da, kakva je Magda luda, ne izmakne, ne ode, rastrubi, gotovo je ugura u kujnu i tamo zatvori. I sva usplahirena poče, ne znajući već šta će, jednako da ide ispred kuće, po bašti.

Sofki onda bi jasno da se ona zato ovoliko prepala što se sada ne boji, nego je sigurna u tome: da je on tamo nekom kuću prodao. Otuda mu to sada da šalje po glasnicima ove pare i darove, i sada eto dolazi da kuću preda kupcu a njih sobom da u Tursku vodi.

I ne druge noći, nego iste još noći dođe i on.

Kao što je naredio, tako je i bilo. Nije ništa bilo osvetljeno. Sva vrata po kući bila su zatvorena i samo gore u gostinskoj sobi gorela je lampa i to uvrnuta, da bi što manje bilo svetlosti i padalo u oči.

Kada počeše pred ponoć već i petlovi da pevaju i sve oko kuće nastade tako mirno i tamno, ču se kucanje alkom. I to kucanje beše tako lako, tiho, da Sofki srce stade od uzbuđenja pri pomisli da je to on. Mati, dotle već pribrana na sve, gotovo mirno se diže i ode da otvori. Magda, ovamo u kujni, tri puta se spotače i od uzbuđenja saplićući se, čak i razbivši jednu testiju, pobeže u baštu, iza kuće.

Tamo na kapiji ču se neki tih, miran glas:

— Kako ste? Jeste živi?

Sofka, i sama čekajući ga sa svećom više glave, ispred kujne, ukoči se od onoga tamo na kapiji glasa, nije mogla da se makne. U grlu joj stao plač. Osećala je kako treba da poleti, padne mu oko vrata, zagrli ga i od radosti, zbog tolikih muka što su zbog njega pretrpele, da proplače:

— Tato, tato mili!

Ali je on sa materom od kapije tako polako ovamo dolazio. Tako je mirno išao, jednako čisteći i ispravljajući svoje ugužvane čakšire od sedenja u kolima, kao da je ovo sad svakidašnji, običan njegov dolazak kući, kao da je tek danas poslom izišao pa se sada vraća.

Mati, svetleći iza njega, nije govorila. On je, jednako čisteći se, zagledao oko kuće i upoznavajući kroz mrak pojedine predmete, šamdud do kapije, stepenice, ispod njih vrata podrumska, kao samom sebi govorio:

— A a... još je to tu!

Kada prispe do Sofke, ona, uzimajući svojom oznojenom rukom njegovu suvu, hladnu ruku i ljubeći ga, oslovi ga:

— Dobro došao, tato!

On kao ustuknu. Ali se pribra. I kao ne zna- jući do tada koliko je već ona porasla i koliko lepa, te diveći joj se i zagledajući je, samo je potapša po obrazu i poljubivši je po kosi, reče:

— Kako si mi, čedo?

I uđoše unutra. A svima je bilo mučno i teško. Mati, kao ukočena, išla je za njim. On se jednako okretao i unezvereno gledao po kujni, po redovima posuđa na rafu, unutra, po samoj sobi.

Od svega što sobom unese, kad uđe, bio je samo jak miris od burmuta, ustajalosti i prašljivosti njegovog čohanog odela: širokih čakšira, kratkog količeta, fermena sa širokim, otvorenim rukavima. Bio je isto onako u čohano odelo obučen. Istina, redovi gajtana, što su iz pojasa njegova izlazili i nizali se po krajevima mintana, spram sveće sjali su se od uglačenosti, ali ipak sam mintan bio je od svile, skupocen. A on sam mnogo se promenio. Čelo mu došlo ispupčenije, lice uže, potkresivani brkovi prosedi, iz već zbrčkanog, po malo izbrijanog vrata, a kao uvek obvijenog belom čistom maramicom, jače mu se isticala jabučica i grlo, sa oko sebe zbrčkanom, vratnom kožom. Jedino što su usta bila još uvek sveža, vlažna.

A od tolikog grljenja, ljubljenja, uzvika, čemu se Sofka nadala da će nastati kada on dođe, jedino to bi, te tišina, mučnost i neka nema teškoća postade još jača. I tek kad Magda, koja, ne smejući da uđe i pozdravi ga, dok ne bude pozvana, navlaš po kujni poče da premeće, on, na taj šum, uplašen, brzo se trže, ostavi donju sobu i pođe gore, u svoju gostinsku sobu. I samo što zapita:

— Ko je još tamo?

— Magda.

I ne zbog nje, Magde, nego više što nije to ko drugi, što ga neće drugi videti, zaradova se.

— Magda? Zar ona još ovde?

I na veliku Magdinu žalost samo to. Čak je ne pozva ni da je vidi.

U jutru njega već nije bilo. Ko zna u koje doba noći, u zoru, otišao opet natrag. Ali što Sofku najviše zbuni, začudi, to je bila ona, mati. Nije, kao drugi put, pri takvim njegovim ponovnim odlascima od kuće, bila onako uzrujana, uplašena. Još manje da je sutradan, kao svakada, išla po kući hukćući. Čak Sofka u jutru, kad se probudi, ne vide nju oko sebe ili po kujni ovlaš obučenu, onako kako se još noćas, ispraćajući ga, obukla na dvoje na troje. Sada, odozgo, iz soba, još nije bila ni sišla ovamo. I kada Sofka tobož poslom, ode kod nje gore, vide je kako više postelje na jastuku sedi. Još ne obučena, samo sa kolijom na leđima, i u spavaćoj anteriji bez bošče. Do nje je ležala postelja, zabačen jorgan, izgužvan čaršav od duška, i još od prašine nepočišćene utisnute očeve stopale po ćilimu. Oko jastuka videle se tacne, pune duvanske prašine, izgorelih palidrvaca, svetnjak sa dogorelom i pokapanom svećom i testijica ustajale, još od sinoć usute vode. Bilo je zagušljivo. Zavese i prozori nikako ne otvarani. I Sofka je po tome znala da oca sigurno nije ni ispraćala, jer da je izlazila za njim do kapije, sigurno bi, vraćajući se, morala da oseti ovoliku zagušljivost, zadah, dim duvanski, te bi otvorila da provetri. Ali kad ga nije ispratila, onda je moralo nešto strašno i veliko između nje i njega da se desi. Sigurno, sigurno da je on kuću prodao i to joj javio. I sada ona zato još ne može k sebi da dođe. Ne može nikako da se pomiri s tim da će morati kuću napuštati i ići sa njim, i to tamo u Tursku, ili ko zna kuda?

Čak Sofka poče osećati kako će biti to i bolje. Bar će za nu lično tamo, u tuđini, biti lakše, pošto je niko neće znati ko je i šta je.

A da je zaista to, da se u tome ne vara, i sama je mati o tome posle uveri. Jer, čim ona vide kako Sofka tobož poslom kod nje dolazi, a znala je da to u stvari nije, već da Sofka dolazi ovamo da nju vidi i da onda po njenom licu dokuči šta je sa njima, sa ocem, kad, u koje doba i zašto opet otišao, ona, da bi sve te odgovore izbegla, a jednako sedeći onako, kao utučena, i krijući od Sofke oči, samo što joj reče:

— Doći će opet!

I ceo dan tamo, gore, presede. Ne siđe, ne pojavi se, kao da odbolova. I tek sutra siđe. Magdu odmah, tobož nekim poslom, gotovo otera u selo. Sofka je pak znala da je to učinila samo iz straha, znajući da se Magda neće moći uzdržati, i da će po komšiluku izbrbljati o očevom dolasku. A međutim, pre, kad je otac ovako dolazio i odlazio, ona je navlaš Magdu zadržavala, znajući kako će posle dva i više dana švrljajući po komšiluku, po varoši, pričati i trubiti o dolasku gazdinom, o silnim poklonima što je tobož doneo. A to joj je nekad tako trebalo, jer se tim Magdinim pričanjem pred svetom jasno utvrđivalo da ih on nije ostavio, nije napustio. I to je sad teranje Magdino u selo za Sofku bio već jedan dokaz kako je zaista otac kuću prodao. I zbog toga došao da joj javi. Zato sigurno između nje i njega, noćas valjda prvi put, nastala svađa. Valjda prvi put u životu što mu se ona, mati, isprečila, nije htela da pristane, rekla mu sve, a on, valjda naljućen, odmah otišao. I ona, tada prvi put, ne izišla za njim, da ga isprati, osvetli mu put, nego skamenjena, gola, samo u anteriji, više postelje ostala, te je Sofka onakvu i zatekla. Pa da bi izbegla da potanko Sofki o svemu priča, kada je otišao i kako, i da ne bi Sofka po glasu joj doznala više nego što treba, zato joj onako kratko, suvo i odgovorila:

— Doći će!

To, da je zaista on prodao kuću, videlo se i posle. Videlo se prvo po tome što on rekao da će ponova doći. Dakle, sada je samo došao da im javi, da bi ona, mati, imala kada da se spremi, da sve stvari, pokućanstvo uredi, te da, kad docnije sa kupcem dođe, može odmah kuću da mu preda, sav resto novac da primi, i oni onda, sa tim spremljenim stvarima, nameštajem, sa njime da otputuju.

A da je sve to zaista bilo, Sofka vide i po docnijem materinom držanju i nameštenju same kuće. Od tada su gornje sobe bile jednako nameštene i uređene. Svi sanduci i dolapi otvoriše se i sve se iz njih, osobito čaršavi, peškiri, ćilimi, vezovi, iznese i poče da se vetri, ali ne, kao pre, natrag da se vraća, nego da se gore po sobama, minderlucima, zidovima veša i raspoređuje. A to je bilo dobro. Prvo, kad se pođe, da se može odmah, na brzu ruku, pokupiti, naslagati i poneti; a drugo, kad taj stranac, kupac dođe, da ima šta videti: da ne misli kako oni, od velike sirotinje, baš moraju kuću prodati, te da se on pokaje, jer, kad bi znao da oni moraju, on bi manju cenu dao. Nego, ovako, videvši tako okićenu i nameštenu kuću, osobito sobe, po tome zaključiće da su mu kuću prodali više što hoće da se sele, neće više tu da žive, a ne što moraju. Jer da moraju, da su zaista u krajnjoj oskudici, oni od prodaje samo tih ćilimova i nameštaja imali bi više godina da žive. I zbog ovako nameštene i iskićene kuće i sam kupac biće gord što ne kupuje od njih zbog sirotinje, već onako. Izgledaće da oni prodaju kuću više njemu za ljubav, da bi ga učinili svojim „ćirakom", vrstom sluge ali njihovim naslednikom, kome se kakvo imanje, kuća, ne prodaje za onoliko koliko košta, za dobit, nego više da mu se, kao svakom novajliji, osobito strancu, ukaže pomoć, da se onako sam, stran u varoši, izvede na put, okući se, postane i on domaćin.

I zato se Sofki to materino kićenje i nameštanje kuće pred sam gubitak njen, njenu prodaju, i dopadalo. I ona je sama pomagala u tome, nameštala, doterivala. Oko kuće, ispred nje, i po bašti čistila je i raskrčavala, da je taj kupac, kada dođe, ne vidi kao kakvu krntiju, olupanicu, kao kod prostog sveta, koji, kad nešto prodaje drugom, pre no što se iseli, sve izbuši, iskvari, same grede, tavanice, pa čak i pragove, povadi i ponese sa sobom.

A i sama rodbina kao da beše o tome načula. Ko zna ko im je kazao. Ali Sofka je znala da se pored svega krijenja i ćutanja ipak nije ništa moglo sakriti. Oni, čim videše kako se kuća doteruje, namešta, kao sluteći u čemu je stvar, počeše svakog dana dolaziti. A ko zna, možda ih je, krijući od Sofke, i sama mati zvala, i, moleći ih da bar od Sofke kriju i štede je do poslednjeg trenutka, saopštavala im tu crnu, kobnu vest.

I otuda je Sofki bilo razumljivo ono onako čudnovato, tronuto ponašanje svih njih prema njoj. Svaka bi posle, izišavši od matere, a kao ubijena, najviše nju, Sofku, gledala, kao da ih je nje najviše žao, što će im ona otići, što nju neće moći više gledati i što će ona, ma da nije ni za šta kriva, tamo u tuđini patiti.

Jedino se ne dade tetka Stoja. Ona kad dođe, pošto se ižljubi dole sa Sofkom, tu i ostade i sita se narazgovara, pa tek onda ode gore kod „one", matere, svoje sestre, i ostalih žena. Ali čim tamo ode, malo posle, kad kao doznade za prodaju kuće, Sofka ovamo ču njeno odupiranje, svađu.

Uzalud su je ostale ućutkivale, osobito mati joj, da ne viče, ne govori, ne grdi toliko glasno, da ne bi Sofka dole čula, ništa to nije pomagalo. Sofka je mogla na prekide, osobito kad se vrata od sobe tamo otvore, da čuje njenu viku, kao grdnju, psovku. A to sve sigurno na njega, oca joj.

— Ćuti!

— Neću da ćutim, mori! — čulo se kako ona kao kroz prste ruku, kojima su joj ostale sigurno zapušivale usta, tako zagušenim, isprekidanim glasom viče. — Znam ja. Zar ja ne znam? Vidim ja sve. Pa zar to? Zar ona (jamačno Sofka) da dočeka? Evo ja ću, ja ću da je hranim i čuvam. A ti, ti? (To se sigurno odnosilo na mater, njenu sestru.) Usta nemaš, jezik nemaš. Što mu ti ne govoriš? Nego — muž ti je! Samo on, slatki muž, da je kod tebe, pa sve drugo neka ide!...

Ali Sofka primeti kako je na to sve još više, silom skleptaše, ućutkaše, jer toliko zagrajaše na nju...

VIII

Baš na drugi dan Duhova, u veče odozgo sa „baždarnice" začu se svirka grnete, koja poče da se izvija i okruglinom i čudnovatošću i nepoznatošću arija. Mati joj kao da predoseti. Brzo iz sobe izlete.

— Sofke, ako nije on!

Sofka zastade. Nije mogla da veruje. Neće valjda toliko ići daleko da, dovodeći kupca i prodajući poslednje, čini to još sa svirkom i veseljem! Ali odmah ga razumede. Valjda da se to što bolje sakrije, zato ovako i čini?

Magda preplašena ustrča uz basamake, da gornji boj osvetli. Uskoro pred njihnu kapiju stadoše kola i Sofka ču već gotovo stran joj ali ipak davno poznat glas:

— Otvarajte!

Ne gledajući ni kakve su, ni da li su dobro, kao što treba, obučene, potrčaše obe, i Sofka i mati, sa svećama.

Na otvorenoj kapiji ispod sveća, zaista ugledaše kako iz kola silazi on. Lice mu ne videše, ali po odelu ga poznaše. Za njim je silazio drugi, krupan, u gunju, i gotovo sasvim u mraku. Sigurno je to bio kupac kuće. I pošto isplatiše svirača, grnetara, i kočijaša, a privezanog ostrag za kola, lepog osedlanog alata uvedoše unutra i privezaše za šamdud (sigurno je to bio konj onoga kupca na kome će on posle večere od njih odjahati) — počeše ulaziti unutra.

Da li baš od pića, ili tek od napora što sve to, svoje pijanstvo, veselje, mora da izigrava, očevo lice izgledalo je bledo, podbulo. I uvodeći gosta u kapiju, poče mu pokazivati na kuću.

— Evo, gazda Marko. Ovo je moj seraj. Ovo je ta, „efendi-Mitina kuća". Ovo je moja domaćica, a ovo je moja kći, moja Sofka, tatina Sofka!

I pošto pruži materi ruku, koju ona poljubi, poče Sofku da miluje po kosi i obrazima, nežno, uzdrhtano, svojim već sparuškanim dlanovima. Sofka se zbog toga oseti tako potresena.

Gost, gazda Marko, jednako ustručavajući se, rukova se sa materom. Sofka nije znala da li i ona da se rukuje s njime ili da ga poljubi u ruku. Nije bio baš toliko star. Ali on, gost, kao da to primeti, i da bi je što više oslobodio, sam joj prinese ruku, koju ona poljubi.

— Živa bila, kćeri! — oslovi je.

I pođoše svi kući sa svećama. Sofka vide kako gost, kupac, jednako očima gleda i guta kuću, koja sada, ovako nameštena, nekako drukčije, veselije izgleda, krupno i četvrtasto ocrtava se u noći, sa svojom svetlošću iz kujne i od gornjega sprata. Pored toga opazi ona kako kupac oči ne odvaja od matere.

Mati je ispred njih išla i, tobož od radosti, zbog njihova dolaska, glasom malo drhtavim, ali ipak da se ne primeti, jer sramota je, vikala:

— Magdo, Magdo! Brzo spremaj! Evo nam gosti!

A Magda tamo sva smušena. Ne zna kuda će. Kad ispade pred oca i poljubi ga u ruku, već glasa nije imala. On se trže, iznenadi, i to usrdno:

— Gle, Magda! Zar ti, Magdo, još ovde?

— Ja... ja... još... još — mucala je ona čisto uvređeno. — Tu sam, kuda ću ja, gazdo! Tu sam ja!

— A kako tvoji na selu, jesu zdravi, živi?

— Živi, živi, gazdo! — poče Magda, jednako vrteći se i čisto stideći se što on, njen gazda, čak i o njima, njenima, vodi brigu.

Gore, u gostinskoj sobi, sedoše. Srećom, mati kao da je predosećala, te nije odmah, posle prvog dana praznika, razmestila sobu.

Sofka je znala kako će sada biti milo ocu što je kuća tako nameštena. Naročito će on sad uživati kad gost, kupac, bude iznenađen zbog nameštaja, osobito od tamo, u sobi, po rafovima izređanih zarfova, ibrika, sahana, sve od staroga srebra i zlata, pa još sada sve to osvetljeno sa dve velike sveće u velikim čiracima. I sve skoro oribano i žuti se i odudara od crvenila ostalog nameštaja i jastuka, ćilimova. I usled večitog njihanja i lepršanja obešenih peškira po zidovima biće sve svežije i lepše.

Dole, u kujni, gde se ona žurila i po velikoj siniji ređala čanke s jelom da gore kod njih iznese i postavi, već je slušala kako se tamo gost jednako, iznenađen i zaprepašćen, nećka, izvinjava. Nikako neće da sedne na jastuke, da ih ne bi uprljao, već traži stolicu a svaki čas se okreće ocu i moli:

— Ama, Mito, da idem ja, da ne dosađujem.

Ali mati ne da gostu ni da progovori. I sam da je došao, pa bi ovako bio dočekan, a kamo li još sa njenim domaćinom; stoga samo odozgo viče:

— Magdo, donosite!

A Sofka zna da se to i na nju odnosi, da što pre bude gotova sa sofrom, pošto je tamo Magda već iznela rakiju i meze i dodala materi da ih ona stojećki služi. Sofka naposletku bi gotova. Uza stepenice uznese i unese kod njih veliku srebrnu siniju sa jelima, i mećući je ispred njih, sagnuta nad njom, vide kako gost ne može oka da skine od nje, osobito kad joj, zbog toga što se beše mnogo sagla, padoše pletenice niz vrat, te joj se sva snaga, onako presavijenoj, poče da ocrtava. Ali ona se, sva srećna i zajapurena, brzo izdiže, prebacujući kosu na leđa, i siđe u kujnu kod Magde. Ova je pak, ništa ne sluteći, još manje o prodaji kuće, a sva srećna što je on, gazda joj, došao i čas sa njom govorio, jednako gunđala, sebe grdila i korila: kako to, luda ona, da se ne seti da će gazda doći, kad uoči subote ona onaj i onakav san snila i po njemu mogla da zna da će on doći.

Gore se već večeralo. Više se pilo nego jelo. Zato Magda, videći da će vino što je za praznik kupila i donela, uskoro nestati, a da ne bi posle, duboko u noć, ponovo išla, krišom, da je niko ne vidi, svaki čas se provlačila kroz uske prozore od podruma i tamo, razmičući obruče na bačvama, bušeći rupe između duga, točila vino Tonetovo. I kao pravdajući se za tu svoju krađu, izlazeći otuda govorila je sebi, kao svetcći se Tonetu:

— Ja, kerpič! Zavukao se kao moljac. Pometao katance, kao da će mu neko sve vino popiti...

I jednako je nosila tamo u kujnu, razlivala u razne lonce i šerpe, da ko od njih, mati ili Sofka, ne primete, jer zna šta bi onda bilo sa njom. Silom bi je naterali da odnese i vrati u bačvu.

I što je više noć bivala, Sofka je odozdo opažala kako su oni tamo gore sve slobodniji. Koliko puta, uvek kad bi mati otuda sišla, izišla, da ovamo Magdi ili Sofki što naredi, Sofka bi čula kako gost, ostavši sam sa ocem joj, govori, kao ponovo mu tvrdi za kuću:

— Ja, što rekoh, ne porekoh!

Sofka ih je naposletku ostavila i povukla se da spava. Prvo, što nije red da devojka tako duboko u noć sedi, a drugo, što će morati sutra, pošto će joj mati biti neispavana, ona da porani i spremi i počisti kuću.

IX

I taj njihov gost, kupac, kad je od njih, čak u zoru, odlazio, uzjahavši konja i pošavši, ostade dugo, dugo, pred kapijom. Kao da je hteo što više njihne a sada i već svoje kuće da se nagleda, da je dobro zapamti, da je svu onako u naokolo, sa komšilukom i sa onom njihovom teškom kapijom, unese u mozak. Zato je posle dugog stajanja pošao i uputio se, pored česme, naniže, gde su bile bašte i njive. Ode u onaj deo varoši, koji je bio kao još nov, tek doseljen, još ne kao varoški, više seljački, pun samih doseljenika, ili seljaka iz okolnih sela, a ponajviše begunaca iz Turske.

Konj alat, duga repa čak do kopita, duga vrata i lepe četvrtaste glave, sa pametnim očima, odmoran, osećajući na sebi svoga gazdu, kako na njemu slobodno i stegnuto sedi, sitno, veselo je grabio i promicao.

Već je blizu zora. Mrak se gubio. Okolo, iza ravnica, kroz magle, već su se ocrtavala bila. Iz njiva i bašta dopirao miris trule trave i korenja. Tamo negde daleko, oko reke, čulo se šuštanje vode i po koji cvrkut probuđenih tica. Ovamo, s druge strane, po varoši, u ulicama, koje su se ovde svršavale, sve je još bilo u nemom mraku. Samo njemu, gostu, činilo se da — (a to kao da gleda obrnuto, kroz sebe i iza sebe) — otuda sa njine, Sofkine kuće, jednako gori sveća i osvetljava ovamo ispred njega put. Zato je često uzdizao ruku ka licu, i od zadovoljstva, sreće, zadižući šubaru, svaki čas gladio čelo, oči i celo lice.

Alat, naviknut, sam savi u poslednju ulicu, krivu, tesnu, nalik na dolinu zbog visokih uličnih zidova i drveća. Onda se poče peti ka čaršiji i ka gazdinoj kući, dok njemu, primetivši kako se već približava kući, bi nekako neugodno. Zato se kao ispravi u sedlu, odupre o uzengije. Ali alat, gotovo trkom izišavši iz ulice i stavši ispred kapije, od radosti zarza.

Gore, po čaršiji, u polumraku već su se svetlucali pogdegde potpaljeni mangali i čuo salepdžija, dok je ovde, kao uvek na kraju varoši, sve još bilo tamno. Jedino se dugotrajni laveži pasa i pevanje petlova iz magle razlegalo i rasprostiralo po poljima i njivama.

Marko obrnu alata tako da svojim ramenima i laktovima poče dodirivati kapiju. I sigurno iz iskustva znajući da lupom, ni nogama ni rukama, ne mogu se njegovi tamo, u kući, probuditi, jer je kuća od kapije tako udaljena, izvadi iz splava pištolje i poče njihovim jabukama lupati. I kroz široke pukotine od istina teških, jakih dasaka, ali dosta jedno od drugo rastavljenih, on jedva dočeka da vide kako se tamo, u kući, zasvetli i kako otuda, sa lojanom svećom u ćiraku, ogrnut gunjom i gologlav, poče da se približava njegov sluga, Arsa.

— Ko je? Ko je? — ču kako ovaj viče trčeći i zaklanjajući sveću, da mu se ne ugasi. Ali brzo posrnu i kao bez duše istrča ovamo ka kapiji, kad ču gazdino kao uvek kratko i nabusito:

— Ja!

Jednom rukom držeći više sebe ćirak sa svećom, da se gazdi što bolje vidi, a drugom rukom otvarajući kapiju, zamandaljenu, gurajući uvučen ne šip nego čitav direk, nije gledao ni kako mu je bila kolija pala, te on ostao go u košulji i gaćama, ni kako mu jedan opanak ostao tamo negde u dvorištu, nego, otvarajući krila, a od straha ne znajući šta da govori, on poče konju:

— O, alat! Ja, alat!

— Živi li ste? — ču kako gazda samo oslovi i brzo pored njega na kapiju prominu.

Arsa trčeći za konjem, jedva uspe da ispred kuće, kućnjeg praga, stigne gazdu, uzme alata za uzdu i za uzengije pridrži, kako bi se gazda što lakše skinuo.

Marko, kao uvek, sišavši sa alata, uđe pravo u ono njegovo skoro dozidano sopče. To je sopče bilo malo, snisko, gotovo zagušljivo; pod nepatosan, gola zemlja, te novi ćilimi od dugog nevetrenja (jer sem njega niko u to sopče nije smeo da uđe) gotovo zemljosani. Jastuci tvrdi, kruti, isto onako ispruženi i poređani, kako ih je poslednji put ostavio. Prvo što mu pade na pamet, to je da kao svakada, čim uđe, odmah baci pogled na dva velika katanca, koja su visila o dosta dugom i dubokom, šareno obojenom sanduku. I uveri se da su katanci u redu, u istom položaju, u naročitom onom položaju u kakvom ih je on, polazeći, navlaš metnuo, da bi, kad se ovako vrati, mogao primetiti ako bi ih ko dirao, pokušavao da otvori. Kad vide da je sve u redu, on onda ostade tako stojeći, nasred sobe, čekajući da ko iz kuće, bilo Arsa bilo žena, dođu, donesu sveću i počnu ga svlačiti.

Međutim dan je već bio počeo. Po dvorištu uveliko se kaldrma, kroz prozore od sopčeta, modrila i sproću njega, na bunaru, jasno se ocrtavala velika gvozdena kofa, sa lancima mesto užeta. Iz kujne poče da dopire prasak suvih lozinaka. I odmah posle toga brza, jaka svetlost izbi iz ognjišta i poče na sve strane čak i ovamo kod njega, u sopče, da dopire. Čuli su se tihi, uplašeni koraci, bat nogu iz one druge sobe u kujnu i obratno.

Arsa, pošto alata raspremio u štali, iz koje se jasno odvajao, dopirao onaj topao vonj i šum od već probuđene stoke, uđe opet ovamo, k njemu, sa svećom. Poče obigravajući da ga, i to odozgo, sa ramena, svlači. Marko, jednako stojeći, podavajući se, da bi ga Arsa što lakše skinuo, samo ga zapita:

— Jesu ustali?

— Jesu, jesu, gazdo. Eno gazdarice po kujni, sprema. A Tomča (sin) tek što se nije obukao.

Marko nije hteo, kao obično, na savijene jastuke, koje mu Arsa podmetnu, da sedne, izvali se i tako ležeći čeka da ga Arsa izuje, već sede na onaj sanduk i podnimljen onom svojom malom ali rutavom rukom, sa dosta kratkim i nežnim prstima, čekao je da ga Arsa sasvim skine. Pojas, silav sa pištoljem, jataganom i arbijom, sve to sam Arsa sa njega skinu i iznese, da se vetri i čisti. Marko ostade i dalje tako da sedi, pognute glave, u papučama, raspasan. Beleo mu se učkur od širokih čakšira a oko njega jeleci i mintani, raskopčani i oslobođeni od pojaseva i silava, pokazivali su njegova široka, jaka prsa, sa grdnim maljama po sredi, koje su dopirale do njegova kratka, zdepasta i gola vrata.

Tako sedeći ne pomače se i ne diže glavu, ni kad uđe njegova žena sa posluženjem. Na starom, malom i dosta izabanom poslužavniku velika čaša vode i u taslici nekoliko parčeta šećera, dosta sumnjive boje. I po tome videlo se da taj šećer traje dugo, da se, osem njega, niko ne poslužuje njime, ne troši ga.

Kao svakada, ne iznenađena već naviknuta na takve njegove dolaske u nevreme, uđe ona mirno. I od celog pozdrava samo što ga upita:

— Dođe li?

— Dođoh! — čisto mrko i neugodno odgovori joj. I ne pogledavši u nju, uze šećer i vodu, koju ispi na iskap.

— Da nameštam? — upita ga žena stojeći pred njim mirno i nekako učmalo. Iz nje je bila tolika prostota i ubijena mirnoća. Obučena je bila pola seoski, pola varoški: u anteriji, zabrađena, istina dosta novom ali prostom šamijom, u belim debelim čarapama i opasana seljačkom futom i sa obešenim nožićem o pojasu. Suva, bledih očiju, bleda, koščata, i sa maljama na licu od starosti. Sva je mirisala na seljački miris, na mleko, na vonj đubreta i svežinu jaka, prosta odela.

— Nameštaj! — odgovori joj Marko, i opet ostade sedeći na sanduku. — I čuješ! — pozva je on natrag kada ova pođe. — Kaži Tomči, neka se obuče i ide u han. Ali neka! Neka ostane ovde! Predomisli se on i odmahnu joj rukom da ide. Mogu i oni tamo sami za nekoliko dana! Završi kao sam za sebe.

Ona ode. Ubrzo Arsa donese postelju. Ali već beše dan. Svanulo se sasvim. Marko pokaza slugi glavom da prozore zastre kakvim pokrovcem. I kada u sopčetu nastade mrak, on se polako, teško spusti u postelju i pokri da spava.

X

Ovamo, kod Sofke, sutra, ceo dan, bilo je tako dobro. I Sofka zato docnije celog života nije mogla sebi da oprosti: kako da ona to ne oseti, i to ona, Sofka, koja je od uvek sve znala, sve unapred osećala, a sad, baš sad, kad se ticalo njene glave, njenog života, tu se prevari! Ali otkud je mogla i znati? Znala je samo da je kuća prodata, da je sinoćni gost kupac. Otac, pošto se ispavao, digao se oko ručka. Dobro ručao, opet prespavao, i u mrak, u veče, čak sišao odozgo ovamo, k njima u kujnu. Pregledao baštu, dvorište. Silazio je i u podrum. Za njim išla je mati, da bi mu bila pri ruci, davala obaveštenja, kad što zatreba.

Posle večere, Sofka je legla ovamo dole, u velikoj sobi, sa Magdom, pošto tada, da ne bi Sofka bila sama, morala je i Magda u toj sobi da spava. Posle, ko zna šta je bilo. Ona nije mogla znati, nije slutila, te da onda bude na oprezi, da ne spava duboko. Već je bila sasvim pomirena sa tom prodajom kuće, a i zaradovana što se jednom i ovako svršilo, da, makar i bez kuće, makar tamo u tuđini. u Turskoj, ipak budu bar zajedno sa njime, te da jednom i one imaju nad sobom njega, da bi, ispod njegove vlasti i nadzora, mogle slobodno da diši, kreću se i žive. Bila je gotovo srećna zbog toga, i odmah slatko, tvrdo zaspa.

Duboko u noć, valjda čak oko pola noći, kada je bila već lakosana, seća se docnije, čula je odozgo, kroz tavanicu, kako sigurno iz očeve sobe, jednako dolazi šum, čak i glasovi, i neko dugo hodanje. Onda, kao nikada dotle, materin dosta jak glas, kao neko odupiranje, svađa, plač.

Sutra, u jutru, mati joj se pojavi na stepenicama sa rukom na čelu, preko očiju, a usta joj i celo lice bilo gotovo unakaženo, toliko iskrivljeno od užasa. I čim dođe ovamo u kujnu, kod Sofke i Magde, samo što bi u stanju da naredi:

— Magdo, odvedi Sofku kod tetkinih. Ona neka ostane, a ti se vrati.

To je bilo dole u kujni, gde je još bio mrak, vlažna zemlja, skoro počišćena, gore od čađi crne grede, a sproću po polici one žute tepsije. Sofku, čim to ču od matere, a dobro je znala šta to znači, počeše te tepsije kao neke velike krvave oči da proždiru i sve oko nje u kolutove da se okreće. Pošto posrnu, da joj se ruke dotakoše poda, brzo se ispravi i poče, ustrašena, a nikako ne verujući sve to, kao u groznici, očima da traži mater. Ali, ona je već bila otišla tamo, u sobu, i naslonjena na prozor, tiho je, tiho plakala i grcala. Da li od jada, bola, ili od sreće i radosti što je i to dočekala, da eto svoju Sofku udaje? Jer to, da je sluškinja odvede i tamo ostavi, za udavaču zna se šta je: isprošena je, i za dva, tri dana sklanja se u komšiluk, da bi bila pošteđena od navale sveta, zapitkivanja i čestitanja. Sofka, osećajući kako joj se od užasa palci na nogama grče, pa joj se taj grč, bol uz kolena penje i probada joj utrobu, polovinu joj seče kao nož, priđe materi.

— Nano!

Ali mati, kao bežeći, okrenuvši se od nje, sve više je naslanjala glavu na prozor, i sve više plakala. Kroz plač, poče Sofku da moli da joj ne prilazi, ne pita je, i raspituje se:

— Idi, idi čedo! Oh, zar ne znaš šta je. To je. Sudbina zar? A znala sam ja da od njega šta drugo, dobro kakvo, i ne može biti. Znaš već sada šta je. I bar ti me, Sofke, ne muči. Zašto, moje je i ovako mnogo. Oh!

I opet se predade, ali jednako tiho, iz straha, da onaj gore ne čuje.

Sofki, ma da joj se još sve vrtelo: i soba, tavanice, i ispred nje ona, mati joj, sa tim prozorom sobnim, na koji se bila naslonila, ipak, zbog tot materinog plača, bi lakše, što bar po njemu vide da mati to ne odobrava.

Ali nikako ne mogući da u sve to veruje, ne znajući šta da čini, čisto pade.

— Pa zašta, nano? Zašta?... — poče, a već joj od besa suze udariše.

— Ne znam, čedo! Ne znam, ne pitaj me. Samo to: svršeno je. Eno, on tamo, gore: besni! Na oči ne smem da mu izađem. Oh, crna ja!

Sofka se diže. I, osećajući takvu snagu, takav bes, čak i mržnju prema ocu, pođe k njemu. Osobito besnela je zbog uvrede: što, i ako je to hteo sa njom, da je uda, što onda ovako sa njom da postupa, što ovako brzo, odmah, kao da je ne može gledati.

Ali, da li što je otac bio odozgo video kako se k njemu penje, ili što Magda, spremajući kod njega u sobi, zaista, kakva je luda, sa suzama i jecajući radila, i on te njene suze video, tek Sofku preseče njegov strašan glas i psovka prema Magdi:

— Ti, nemoj tu da mi sluziš i sliniš! Gle ti pezevenci i ćopeci jedni!

I što je najgore, Sofka oseti kako se to: „pezevenci i ćopeci" odnosilo na sve njih ovamo dole, a osobito na nju, Sofku.

A glas mu je bio tako suv, stran; u njemu ni topline, treperenja, tako da se Sofka sa po basamaka brzo vrati, još uvređenija.

Posle, čim Magda siđe, nemo, nikome se ne javljajući, ode sa njom kod tetka-Katinih. Čisto se spoticala grabeći da što pre ode, kao da pobegne od svega toga, a opet, opet nikako još ne mogući u sve to da veruje. Znala je da oni to i tako sa njome ne mogu da čine. Nije ona kao svaka: nije dete, šiparica, da ništa ne zna i ne sme da zna, pa tako, u tren, kako oni hoće, sa njom da čine... Ali, pored svega toga, najgore, najteže joj je bilo: kako ona da to ne oseti, ako ne u početku, a ono bar sinoć, — da taj gost nije kupac kuće, već, već...

I tada se poče sećati. Tek tada bi joj jasno i ono njegovo zaprepašćenje kad je vide, a posle onda ono neskidanje oka sa njega, pri tom večiti trepet punih mu usta i ono na mahove, kad s ocem ostane nasamo, potvrđivanje: „Ja, što rekoh, ne porekoh!" Dakle, on, još i ne videvši je, pristao da je uzme, a sad, kad je i video, tim radije i srećnije.

Tetka, kad je vide, iznenadi se. Ali Magda joj mimikom i sa nekoliko turskih reči kaza sve. Tetka od radosti, sreće, nije znala šta će. Ali po Sofkinom licu, po drhtanju, po posrtanju, i naročito po vrelini koju oseti kad je Sofka poljubi u ruku, vide da treba što pre da je ostavi samu. Zato ona brzo uđe u sobu, i pošto tamo još brže razmesti i počisti, pozva Sofku, kao tešeći je:

— Odu, odi Sofkice. Sedi, odmori se. Ništa nije, i ne boj mi se!

I ne mogući da izdrži, zajedno sa Magdom otrča Sofkinoj kući.

Sofka ničke pade na krevet i, pored svega, oseti blagodarnost prema tetki što, kad ode, Sofka ču kako je zaključa. Bar je oslobodi da ne mora strepiti od nečijeg dolaska.

Ali je trebala bar i kapiju da zatvori, te da kroz nju docnije ne vidi ono što je najviše potrese i zaboli; da ne vidi odovud iz sobe, sa kreveta, kroz prozor i kroz otvorenu kapiju sproću nje, njihnu kapiju i njinu kuću i šta se sve tamo radi. Osobito kada iz njine kuće poče svaki čas da izlazi Magda. A Sofka je znala da ona to trči po rodbini i sve poziva.

Uskoro, vide kako iz rodbine, radosni, na glas da je on, efendi Mita došao a preplašeni što ih zove k sebi, jer to nije imao običaj, počeše da dolaze svi, osobito stariji, tetini, stričevi, ujaci. Svaki čas po koja tetka, naročito Kata, otuda izlazi i opet se vraća. Poče kuća onako sa otvorenom kapijom da se zakrčuje, puni. Ali opet sve zanemelo, sve sa tajanstvenim i gotovo uplašenim izrazom lica. Sigurno gore otac, saopštavajući im Sofkinu udaju, u isto vreme naređuje im da niko o tome ne pisne, da ne bi ko od komšiluka i ostalog sveta doznao, dok se udaja ne bude sasvim svršila. A sada, kada im je to saopštio, mogu da idu kućama, da se spremaju, čiste stajaće haljine i drugo, da bi bili gotovi kada ih pozove da dođu na svečanost. I to je Sofku najviše poražavalo, ubijalo. Što tako sa njome da čine; i to sa njome, sa kojom su se do skora s tolikim poštovanjem i ljubavi ophodili? A sada: kao da ona nije ništa, i nikada ništa ni bila. Nego, kao da je uvek bila obična, kao neka stvar. I to za koga je udaju? Koji je to? Šta je? Odakle je?

I onda bol, tuga, plač, jad, sve veći i veći, poče da je hvata, te poče osećati kako, onako ničke ležeći, čisto u nesvest pada. Po čitav sat gubi se, ništa ne zna za sebe. A zatim teško, dugo, jedva se povraća. Ali što je dan veći bivao i više prolazio, a ona jednako ovamo sasvim usamljena bila, sa užasom poče opažati kako u tim njenim zanosima, nesvesticama, sve više oseća — a od toga odmah bi joj zubi zacvokotali — kako joj sve jasnije dolazi taj, sinoćnji tobožnji kupac kuće, a sada u stvari prosilac. Kao oseća već sebe u njegovu krilu i na sebi ona njegova usta, što su sinoć onako požudno drhtala, i njegove ruke sa onim nežnim, kratkim, odozgo maljavim prstima. I zbog toga kosa joj se poče dizati, i po čelu svuda je hladan znoj probijati. Obezumljena od užasa zbog tih slika, poče se dizati, i kao bežeći iz sobe huktati:

— Bože! Bože!

Ali nemajući kuda, na drugo koje mesto, opet je ničke padala po krevetu.

I već kada sasvim dođe noć, ona najzad doznade sve. Tetka joj se vrati otuda, a Sofka je znala da će sada, kao što je red i običaj, od nje doznati. I to neće baš iz njenih usta čuti, nego će ova doći sa još kojom ženom, tetkom ili strinom, pa će one, nikako ovamo kod Sofke i ne ulazeći, već u kujni, spremajući večeru, malo bolju (jer za Boga, eto imaju gošću, Sofku), glasno se razgovarati, da bi iz toga njihnog razgovora mogla Sofka sve čuti: i ko je mladoženja, odakle je, šta je, i sve ostalo što treba.

A tako zaista i bi. Pošto otključaše kujnu, upališe sveću, raspališe oganj u kujni, spremajući večeru, počeše da pričaju: — Od uvek je to tako. Eto ta i ta pošla je još za goreg. Ni u snu nije ga snila a kamo li videla. Glavno je da je dobra kuća Sada eto taj Sofkin prosilac, taj Marko, toliko bogat, da se gotovo ne zna šta sve ima. Istina, od skora se doselio iz Turske, ali još tamo po granici drži hanove i prodaje stoku turskoj vojsci. Ovde u varoši od skoro je sa kućom u donjoj mahali...

Ali se Sofka iznenadi kad još ču kako, kao pravdajući se, počeše da pričaju: da, iako je mladoženja još mali, tek mu je dvanaest godina, ipak bi se svaka smatrala za sreću što u tako bogatu kuću ide. Dakle, ni on je ne uzima za sebe, nije udovac, još manje bez dece, već eto za sina, koji je gotovo još Sofka poče osećati kako će kroz grlo svu krv i svu utrobu izbaciti, jer tako poče da se nadimlje i od bola, neizmerna jada, da stenje. Ali se brzo trže. Iziđe u kujnu. Kada je na svetlosti od ognjišta i sveće ugledaše, tetka joj samo promuca:

— Kuda, Sofkice?

— Daj mi šal! Idem do kuće, nešto sam zaboravila.

Jedva je to mogla da progovori, pa i ne dočeka da se šalom, koji joj tetka preneražena pruži, sasvim zaogrne, uvije, nego samo nabacivši ga, uvijajući više glavu, da je ko ne vidi, iziđe.

Ni mrak, ni samoća, ni mrtvo padanje vode sa česme ne uznemiri je. Sada je već ona svoja, nije Sofka devojka, Sofkica, efendi-Mitina, već prava žena, svoja, ničija više. Od besa stiskajući prsa, da bi od bola čisto jaukala, i dižući šalvare, da što brže i sigurnije korača, brzo pređe sokak, česmu, i uđe u kuću.

I gore, i dole, i svuda su gorele sveće. Kao da nikada nje nije bilo, kao da je ona umrla, odavno je saranili i već zaboravili, tako je u kući bilo sada mirno, i osvetljeno.

Magda ispade iz kujne i čisto ustuknu ispred Sofke. Ali Sofka je, pokazujući gore na očevu sobu, samo upita:

— Ima li koga?

— Sam je.

Sofka se pope. Ispred vrata vide samo njegove poređane cipele i već poče da drhti. Ali silno otvori vrata i uđe. Svetlost se od sveće zaleluja i gotovo što svojim plamenom ne opali kosu očevu. Kada je pogleda, on, kao da je neki stran došao a ne ona, njegova Sofka, podiže se i samo reče:

— Efend'm!

Ali po njenoj uzbuđenosti i silini iz očiju poznavši je i dosetivši se zašta dolazi, smrači se, a usta mu već počeše da igraju.

— Tato! — poče Sofka, a to „tato" jedva je izgovarala, od tolike gorčine i uvređenosti što on tako sa njom radi.

— Ja ne mogu i... neću...

I osećajući da će izgubiti svu kuraž i briznuti u plač pred njim, dovrši brzo:

— Ja ne mogu i neću za takvoga da pođem!

Samo vide kako se on podiže, sa nekim suvim podsmehom, onako u čarapama, priđe joj i svečano poče:

— Sofke, sinko! Lepota i mladost za vreme je.

Što Sofku gotovo prenerazi, to je što u njegovu glasu zazvuča to kao njegovo sopstveno iskustvo, jad, gorčina. On je sam to tako nekada mislio da je lepota i mladost najpreča, najveća, sada evo zbog toga došao dotle, do siromaštva; a da nije tako mislio, ne bi njenu mater uzeo, ne bi zbog toga ovoliko pretrpeo, ovoliko se namučio, potucao i još, sada, kada se smilovao i rešio da se k njima kući ponova vrati, a ono, mesto blagodarnosti, gle šta!...

Sofka ipak promuca:

— Ja ne mogu!

— Ni ja ne mogu.

I odskoči od Sofke, upravi se. Sofka vide kako mu se po ćilimu prsti od nogu u čarapama grče, tresu.

Da ga kao umilostivi, produži Sofka.

— Sramota! Od drugarica i sveta sramota me, tato!

— I mene je sramota!

Jednako uspravljajući se i već od besa tresući se, I to ne kao pred Sofkom, već kao pred samim sobom poče sav jad da izliva:

— Zar mene nije sramota? Zar ja to hoću, milo mi? Zar ja ne znam koliko je to što ja to moram? I to ja, ja! Oh!

I razgnevi se na neblagodarnost Sofkinu, jer on se samo za njenu ljubav vratio, da je dobro udomi. A to što je daje za mladoženju koji je još dete, to nije baš toliko strašno koliko je strašno ovo njegovo: što on eto mora sa tim Markom, seljakom, da se prijatelji, da se ljubi, sa njime da živi. Pa, pored svega toga, eto još i ona — „neće", „ne može". A on može! On može sve to, a ona ne može! — I drhteći od besa, osećajući kako mu noge u čarapama upadaju u ćilim, te ispod njega oseća tvrdoću daske, sa rukama zakopčanim ostrag, sa razdrljenim vratom, po kome se, istina sad obrijanom ali već zbrčkanom, jabučica bila isprečila, i gotovo ga gušila, ne gledajući nikako u Sofku, produži sam sebi da govori:

— I ja mogu, a svi drugi ne mogu. Ja sve to mogu, ja sve moram. Ja? Efendi Mita! Nećeš, sramota te, sramota *vas* je (a to „*vas*" odnosilo se na sve njih, na nju, mater, ceo svet). A ne bi vas bilo sramota da ja idem pred crkvu, u amale, u Šareni han, da tamo dočekujem turske trgovce, moje poznanike, prijatelje, koji se nekad za srećne smatrali kada bi im primio pozdrav, rukovao se sa njima, a sada: da ih provodim po čaršiji, po pazaru, da terdžumanim i seiz da im budem, da bi mi platili ručak u hanu i pri polasku strpali koji groš u šaku, da od toga kupim brašna, donesem vama, da bi imali šta jesti... To li vi hoćete od mene?

Nikada ga Sofka ne vide takvoga. I što naj- strašnije bi, to je što oseti kako je sada ona, njena udaja, njen bol, jad, sve otišlo. A da je *on, on* sad tu, njegova nesreća i crna sudbina.

Hodao je. Nije mogao da se nadiše. Prsti su mu pucali; glava njegova, već uska, stara, sparuškana i obrijana, sva se tresla. Zahuktan, nije mogao da se smiri. I Sofka oseti da ovo što je rekao, i što se zbilo između nje i njega, nije svršeno, nije najgore, da po ovome što nikako ne može da se smiri, ima nešto još gore da dođe, jer, osvetljen od onih sveća, koje su već nakrivo gorele, videlo se kako mu pojas i sva polovina drhti, trese se, kako ga kolena, butne kosti izdaju, njihaju se. I kako i on sam, osećajući da mora između nje i njega čak doći i do toga, jednako pritiskuje glavu rukama, i ječi:

— Oh! Oh!

I kao da bi hteo da se smiri, zaustavi, da izbegne i spreči to. Ali bi i to.

Brzo se okrete k njoj, približi, prstima je dohvati za glavu, oko uva i kose i sav trepereći i uzdižući se na prste i obzirući se oko sebe, da ovo, što će sad biti, možda i sama noć ne čuje, tiho, grobno poče:

— Ili, zar, sinko, čedo, Sofke, Sofkice moja, ne veruješ tati? Misliš da tata laže, da ima para, nego tako hoće, ćef mu da te uda. I ako to misliš, onda — pogledaj tatu!...

I razgrnu pred njom mintane, koliju.

Sofka, zaprepašćujući se, vide kako su samo krajevi kolije i mintana njegovih i to oni uzani porubi, koji se pri hodu lelujaju i vide, kako su samo oni bili opšiveni novom, skupocenom postavom, dok ostala leđa iznutra, cela postava, sva je bila stara, masna; pa čak negde i bez postave sa poispadalim pamukom. A sam on, njegova snaga, prsa, koja su mu sada bila otkrivena, zaudarala su na znoj, hanove, nepresvlačenje, nepranost, masnoću.

Sofka samo poniknu i gotovo pade do njegovih nogu.

— Oh, tato, tato!

Brzo iziđe, nije znala kakvog ga je ostavila, da li onako napred raskopčanog i masnog, ili palog, na patosu. Bežeći, primeti kako joj mati prođe pored nje, i ode k njemu. Po tome ona vide da je ova sve prisluškivala, i sada, bojeći se da mu se nije što desilo, brzo otrča k njemu.

I zaista, tek što Sofka siđe niz stepenice, i pođe ka kapiji, ču se odozgo prestrašen materin glas:

— Vode, Magdo! Vode brzo!

Sofka iziđe na otvorenu kapiju i pođe tetki. Nije bila ni vrela, niti osećala jad, bol, već je bila utučena i čisto skamenjena.

Brzo pređe česmu i fenjer, koji je mutno osvetljavao oko sebe. Voda je sa česme teško padala. Svuda je bilo mirno i mrakom pritisnuto, nigde se nije čuo ni lavež pasa, ni bat čijih koraka. Jedino gore, iz njine kuće i iz one njegove, očeve, sobe, jednako se svetlost prozorska menjala. Čas je tamnila, čas sijala, sigurno od senke materine, koja je išla po sobi, možda nameštala oca u postelju, polivala ga vodom, osvešćavala.

XI

Tetka, čim je vide, ma da Sofka uđe mirno, odlučno, ne posrćući, ne zverajući, čak i otvoreno, istina malo zamagljenih očiju i nabranih obrva, ali jasno gledajući, ipak se uplašeno diže ispred nje, upita je, kao umiravajući je:

— Hoćeš, Sofke, da večeraš?

— Neću. Jela sam kod kuće! — odgovori joj Sofka i uputi se u sobu.

I tek posle, kada ču da joj tetka u kujni oko ognjišta sve svrši, raspremi, i ode u onu suprotnu sobu, da sa svojima tamo spava, Sofka, već oznojena — skoči.

— Tako li je to?

Jedino to što sebi prošaputa i ostade da sedi poniknuta, držeći se rukom za podbradak i usta. I za čudo, opazi kako sada ništa ne oseća: Ni strah, ni bojazan, ni gnev. Samo oseća u sebi neku dubinu, i to, kako se ta dubina ispunjava nekim otužnim, bljutavim zadahom, tako da, od toga, počela da se grozi i trese.

Dakle to li je? A ona nije znala. Nije na to ni mislila. Samo je mislila o sebi: o svojoj krasnoj mekoj kosi, o svojoj raskošnoj snazi kojom se toliko ponosila, i koju je toliko punila, i opijala svojim do ludila strasnim željama i osećajima.

A ono — šta je bilo? Sasvim drugo. Sada nikako nije mogla da se otrese njega, oca, njegovih onih pocepanih postava na haljinama, njegovog znoja od neopranog odela i onog njegovog lica; onog strašnog, mrtvačkog glasa, koji nije molio, nego koji se gubio i mro u njegovim uznevernim ustima, zbog sramote i stida što mora pred njom, svojim čedom, Sofkicom, da se sada otkriva, i da ono što ne bi kazao ni samoj smrti — njoj mora da ispovedi i kaže, a to je: da se nema ni hleba a kamo li što drugo i o čem drugom da se misli, drugo što želi...

A što je najgore, znala je da je, posle ove njegove ispovesti i njegova poniženja pred njom, između nje i njega sve svršeno. On nikada više u njenim očima neće biti onaj njen veliki tatica, efendi Mitica, i zato nikada već neće smeti da je pogleda, još manje sa njom da se pošali, nasmeje, pomiluje je, kamo li da se ispred nje ponosno, razdragano kreće, i još traži da ga ona, poštujući ga, dvori i uslužuje.

Posle ovoga, sve je to nestalo. Zna on da će joj od sada uvek biti na teretu, pošto ga ona sobom, žrtvujući sebe, svojom udajom, i održava u životu, i zato će joj uvek biti teško na duši kada ga vidi. I zato će je on stalno izbegavati. I kad baš bude morao, zbog svega, s njome da govori, uvek će mu biti u glasu nečega plačnog, prekornog, što ga je dotle gonila, da se toliko pred njom ponizi i sav otkrije u svoj svojoj nagoti i time izgubi u njenim očima sve što je imao i brižljivo čuvao.

Sofka poče osećati jak, težak bol. Čisto se pokaja. Da je samo znala, ne bi ona ni pokušavala da se protivi, a kamo li da ga onako u oči, silno, čisto ispitujući gleda i protivi mu se. Samo da je znala! Ali i to nije bilo istina. Našto sada sebe pravdati! Znala je! Kako da nije znala?! Jer, kada je znala da nikada neće biti žena svoga izabranika, onoga o kome celog života snevala, koga u snovima i mislima ljubila i grlila, a znala je da će se ipak morati udati, onda — na što je sada ovo činila? Na što, pošto je ne sada nego od uvek bila uverena da će svaki njen muž, pa ma ko bio, biti — ne *onaj njen*, nego drugi, običan, i da će od svakoga morati da trpi i silom da podnosi da je on grli, ljubi i sa njome radi šta hoće. Čak se nekada i ponosila time što je mogla da se, ne kao druge, zanosi i luduje, već da je sa sobom odavno na čisto da će, kad se bude i udala, to biti samo bol i patnja za nju i da je onda njoj zbog toga svejedno ko će joj biti muž, star ili mlad; ružan ili lep; iz bolje kuće ili iz seljačke... I kada je tako u stvari bilo, zašto da se sada, kad evo to dođe, toliko džapala, bunila i time se samo pokazala i ona kao svaka, obična devojka, šiparica a ne ona Sofka koja je svima bila za ugled. I što bi toliko luda, te pre no što pođe gore, k njemu, ocu, ne zastanu, ne razmisli se? I kada se uveri da se to mora, onda što se bar ne pokaza kako dolikuje njoj? Što odmah, bez reči, ne pristade? I po tome bi svaki, naročito on, otac joj, znao da ona pristaje, ne što hoće, nego što se žrtvuje radi njih, da njih izbavi sirotinje i bede. Znali bi to, osetili bi oni, njeni, i ne samo oni, nego i ceo svet. I onda, kolika bi porasla, kolika bi postala velika u očima svih! I tada bi joj i sam njen sopstveni bol i jad, ukrašen ovim požrtvovanjem, sigurno bio lakši, blaži, i slađe bi ga podnosila...

A ovako?

Ali ipak još nije dockan. Još ima vremena da popravi, da se pokaže kako se žrtvuje, prinosi sebe radi njih. I to samo radi njih, da bi oni, otac i mati, pošto njoj inače svakom udajom predstoji bol i patnja, od te njene patnje imali koristi, tom patnjom bar njih, oca i mater, oslobodila I život im osigurala...

I naslonjena u krevetu, držeći glavu rukama, osećajući kako iz kujne dopire miris još sasvim nezagašenog ognjišta, neopranih sudova od jela i ustajalosti, ali ipak zato promešan sa svežim noćnim vazduhom, koji je kroz kujnska napukla i stara vrata prodirao i do nje ovamo, u sobu dolazio, i gledajući kroz sobnji snizak prozor u noć, koja je bila prorešetana drvećem baštenskim i okolnim zidovima komšijskih kuća, ona se poče osećati kako se čak i zagreva tim svojim junaštvom i požrtvovanjem. Jer tom svojom žrtvom toliko ubija sebe: da, eto, polazi ne samo za ne ravna sebi, za nedragog, nego čak i za samo dete. Tolikom žrtvom sigurno će zaprepastiti i zadiviti sve. I u očima svih, ne samo što će ostati onakva, nego će sve veća bivati i dizati se a ne možda, kao što je svet mislio i nadao se pa sigurno i čekao, kad će ona, već jednom, pasti, pokleknuti.

Sutra, gotovo ona probudi tetku, toliko se žurila sa tom svojom žrtvom, i, posla je ocu sa porukom: da pristaje. Ne samo tetka, mati joj, nego i sam efendi Mita bi time iznenađen. Jer nikako ne verujući, dođe sam ovamo kod njih. Kad uđe kod Sofke, ona vide po njegovom neispavanom i usplahirenom licu i radost ali i zaprepašćenje. Ponova oseti od njega sav onaj miris na znoj, neopranost i krpe. Ustade, poljubi ga u ruku i istinski kajući se što ga je sinoć toliko uznemirila i uplašila, promuca:

— Oprosti, tato, nisam znala...

On je stajao i jednako uplašeno gledao u nju: da možda, možda ona to...

I zato Sofka, da bi ga sasvim uverila, morade izdržati do kraja njegov grozničav pogled. I on po tom njenom jasnom i otvorenom pogledu vide da je zaista istina, da se zaista rešila Potresen, zagrli je, i ljubeći je po kosi, poče da muca:

— Hvala, čedo! Hvala, Sofkice!

A to Sofku najviše potrese, do srca je rasplaka, jer u tom njegovom unezverenom drhtavom grlenju njene glave, ljubljenju kose, vide kako on zna da on sada može pred celim svetom biti onaj stari, veliki efendi Mita; ali pred njom, svojom Sofkom, svojim čedom, posle ove njene ovolike žrtve radi njega, gubi sve: i poštovanje, i divljenje. Jedino ako ona hoće na nj da se smiluje, da ga ne omrzne, nego samo da ga žali. I kao oplakujući sebe, zato je unezvereno grlio i ljubio Sofku po kosi mucajući:

— Hvala, Sofke! Hvala, čedo!

Sofka u malo u glas što ne poče da rida, ali on, kad to vide, brzo se trže od nje.

I, kao u naknadu za to, za to svoje maločas poniženje pred Sofkom, on, čim iziđe iz sobe, poče tamo kod tetke i napolju da razmahuje rukama, zavrće rukave, i Sofka ču kako on, kao uvek, visokim i razvučenim glasom naređuje:

— Neka se ide i dovede Ariton navodadžija. Neka on ode kod gazda-Marka. Neka mu javi da doveče dođe na „pijenje" Sofkino. A vi (žene) sada tamo po kući, spremajte i udešavajte!

I žurno, kao bežeći od te tetkine kuće, a u stvari od Sofke, izgubi se širokim koracima.

Ali o tome Sofka nije imala kada da misli. Brzo se ona pribra, diže. I znajući da sad tek ima da se pokaže, namesti krevet i ostale stvari po sobi, jer je znala da će sada početi svaki čas ovamo dolaziti, ulaziti kod nje u sobu, tobož kakvim poslom, a u stvari da nju vide, da po njenom licu i držanju, sedenju, cene kako joj je.

I zaista, prvo ulete tetka. Navlačeći količe, da što pre ode kod njih tamo, kući Sofkinoj, i da, kao što joj je zapovedio Mita, pomaže po kući i sprema, uđe ona kod Sofke i pozdravi je:

— Srećno, Sofke!

Sofka po njenom glasu vide kako ne samo ona, nego svi njeni, ma koliko da se nadali, bili uvereni da će ona, pošto je već efendi Mita to svršio i dao reč tome gazda-Marku, morati na to pristati. Ali ipak, ipak nisu se nadali da će Sofka tako olako pristati, čak i sama htela.

I kao što se nadala, celoga toga dana ne ostade mirna. Svaki čas su otuda dotrčavali i ulazili ovamo kod nje, čak i deca. Ali to je bilo dobro. Jer to trčkaranje svaki čas i zagledanje u nju toliko joj dosadi, umori je, otupi, da, kad pade mrak, kada joj donesoše odelo, sapune, igle i češljeve; kako sve to ispred nje na stolici i po prozoru poređaše, i iza upaljenih sveća prisloniše veliko ogledalo, ostavljajući je samu, da se obuče i nakiti za večeras, za proševinu i „pijenje", — ništa je to ne potrese. I, kao u inat nekome, oblačila se i kitila. Stezala je polovinu, da joj je pucala; tesan jelek samo je na jednu, najnižu kopču zakopčala, da su joj prsa brektala; kroz rukave tanke košulje blještala su joj obla ramena i jedre, vrele mišice.

I kada, već dockan, dođoše i javiše da joj je svekar već tu, i kada ona sa tetkom pođe kući, ni tada se ne uznemiri. Od prošle noći i celoga ovoga dana bila je toliko umorna, toliko zasićena i otupela, da je bila na sve ravnodušna. Ništa je nije diralo. Ni kada uđe u kuću, ni kada vide gore osvetljene prozore i otvorena vrata, kroz koja se svetlost rasipala po doksatu i punila stepenice; ni samo grljenje i ljubljenje dole u kujni sa ženskinjama. Čak i kada, već duboko u noć, dođe vreme da ide gore, ljubi u ruku svekra, od njega primi dar i belegu, ona i onda mirno ode. Još mirnije, i s tako hladnim ustima, poljubila ga u ruku, i zatim, izmaknuvši se, ostade stojeći, jasno, pribrano gledajući u sve, osobito u njega, svekra, novoga svoga „tatu".

On, raskrečenih nogu, podbočenih ruku o kolena, sedeo je na presavijenom jastuku, a, s desne strane, efendi Mita sa ispred njih postavljenom sofrom, punom ne jela (pošto će večera posle doći, posle „pijenja" Sofkinog) nego mezeta: đakonija, gurabija i slatkiša. Iz Markovih debelih čizama, sa jakim račvastim mamuzama, jasno i oštro se ocrtavalo njegovo oblo koleno u čohanim čakširama. Prsti su mu bili debeli, kratki i sa nabranom ali čistom belom kožom. Samo na jednoj ruci imao je, i to samo jedan jedini, veliki zlatan prsten. Mintan i jeleci mu, oko vrata, bili su gotovo otvoreni, i on to sigurno nikad nije ni zakopčavao zbog kosmatosti, malja, koje su mu virile. Lice mu je bilo još sveže, i tek oko očiju i usta bilo je bora. Samo usta su mu bila ne toliko široka, koliko puna, mesnata, sa ovalnom bradom i kratkim obrijanim vratom. Iz celog njega bila je neka divljina i silina.

On sada već nije, kao prvi put kad je bio, zbunjen, sapleten, nego slobodan. To se videlo po njegovim komotno raskrečenim nogama, lakom sedenju, i sasvim slobodno ispruženim prstima ruke na kolenu. Kao da je on odavna za tako što i bio, pa sada, i naišavši na to, i na Sofku, i na efendi-Mitu, i na mater njenu, i na ovoliku lepotu i raskoš, sav je srećan.

I što Sofku razdraga, bilo je to što on, pre no što nju, kao što je bio red, otpustiše od sebe, da posle međ sobom svrše proševinu, i pre no što ona, poljubivši ga ponovo u ruku, pođe vratima — ustade i dođe do Sofke. Tako čvrsto stade, da mu čizme zaškripaše, i kao da se pod od sobe podavi. I na iznenađenje svih — jer to nije običaj, pošto je ona već time što je došla gore, poljubila ga u ruku, pokazala da pristaje — on ipak poče:

— Sofke, znaš već šta je. Znaš šta će biti. Ali ja, tata, ako bude sudbina da ti to budem, imam pre svega nešto da te molim. Bogom da ti nije prosto ako pristaneš, pre no što se ti sama rešiš; Bogom da ti nije prosto ako pođeš i dođeš u moju kuću, a da ti sama nećeš... Istina, za sada tata nema takvu kuću kakva treba za tebe, ali će to tata tebi...

Glas mu je bio takav, da Sofka oseti kako joj kroz grlo, čak na dno srca prodire. Ali i ona se pribra. Ne ustuknu. Još manje, kao što bi druga, da pocrvene, zamuca i od stida pobeže, ostavljajući roditeljima da mesto nje oni odgovaraju. Ispod svojih tankih obrva jasno pusti pogled i, na iznenađenje oca, koji kao da se još nije mogao pribrati i smiriti od straha, ona kratko, toplo reče:

— Hoću!

Svekru kao da više ništa nije trebalo. Priđe joj. Poljubi je u čelo, oseti joj miris kose. Ona ga popovo poljubi u ruku.

— Neka si mi blagoslovena!

I Sofka vide kako on, kao opijen od uzbuđenja, pored toga što je toliko vladao sobom, grčevitim prstima poče baratati po nedrima, po još dužim džepovima od jeleka. Videlo se kako je, ma da se bojao, strepio da od svega možda neće ništa biti, ipak za srećan slučaj spremio osobit dar. Najposle nađe to. Izvadi veliku, gustu nizu sve od samih dubla, svako zrno od po pet dukata. Sam joj veza o vrat nizu, koja je bila toliko puna i dugačka, da joj zlato svojom žutinom pokri cela prsa. I sama Sofka, koja je bila navikla na toliki sjaj, ipak čisto pretrnu. Ponova ga poljubi u ruku.

— Hvala, tato!

I siđe dole. Za sobom ču kako svi, i otac i mati, kao odahnuše u opštem uskliku:

— Neka je sa srećom!

I počeše se između sebe ljubiti. Osobito je efendi Mita čvrsto i jako grlio novoga prijatelja, Marka. Do reči nije mogao da dođe. Kao da nikako još nije verovao u sve to. Koliko je puta u potaji drhtao i tresao se od straha, pri pomisli da od svega neće ništa biti; da Sofka, kakva je, sigurno neće pristati, ispustiće se ovaka prilika, neće se doći do novaca, i to ovakvog, velikog, mnogog novca, kakav se zna da samo on, taj gazda Marko, ima, nego da će najzad morati da nastupi ono... dugovi, prodaja kuće... A sada, eto, hvala Bogu, ispuni se! Ali još kako se tek obradova kad Marko, zanesavši krajeve od mintana tako da mu sasvim iziđoše iz pojasa i silava i razleteše se oko njega, izvadi drugu kesu, i, gurnuvši laktom sa sofre tepsije i tanjire, staklad i čaše, poče ne da broji nego da izručuje zlato.

Ovo je za spremanje. Neka mi se Sofka spremi kako ona hoće. I ništa da se ne žali!

I jednako, neprestano je iz kese sipao sve samo zlato, dukate, stare, nove, kao pobuđavele od silnog uvijanja u krpe, čuvanja po vlažnim mestima. I kada se na sofri čitav kup, rpa od zlata načini, efendi Mita čisto kliknu. Kao da se ponova rodi i oživi, tako silno viknu:

— Magdo!

Magda, odozdo, kao da je na taj glas odavno čekala, naglo uđe.

— Magdo! — zanoseći se poče Mita — Magdo, Magdice! (Prvi put što je tako oslovi, zbog čega Magdi noge poklecnuše od radosti.) Naša Sofka hoće da nam ide! Eto, hvala milostivom Bogu, dočekasmo i to. A sada, Magdo, kapiju širom otvaraj, na njoj dva fenjera pali i donesi mi pušku. Da oglasim! Neka svet vidi! Neka svet čuje!

I ustade.

— Neka svet čuje! — govorio je idući, onako u čarapama, i ponesavši sobom pare, koje mati beše uvezala u peškir, ka otvorenom prozoru. Pare baci u ćoše na minderluk, među jastuke. Od njih se ču onaj tupi, sitan zlatni zvek. Ne mogući da dočeka, dok mu Magda pušku donese, poče da se naginje na prozor, oslanja o prečage gledajući ispred sebe tu varoš, pokrivenu pokrovom od kućnih krovova, izrešetanim dimnjacima i visokim drvećem, kako se ispred njega, po padini, u noćnom polumraku u okrug ocrtava. Gledao je tu varoš, taj svet, koji ga toliko u potaji kao sigurno čekao da vidi poniženа i unapred siteći mu se i znajući kao kakav će izgledati: ako ne sasvim osiroteo, a ono više za žalenje. A ono, eto, sada je opet on, kakav je i bio, još je on, onaj stari, veliki efendi Mita...

I uzimajući od Magde pušku, besno, sav cepteći od radosti, poče da puca.

I na iznenađenje svih, pucnji pušaka ubrzo počeše da se mešaju sa svirkom svirača, koji su odjednom, od nekud odozgo, ovamo kući počeli da dolaze. A sve je to bila Magda spremila. Odavna znajući za sve, poslala jednog slugu i naredila mu da odmah, čim čuje pucanj pušaka, svirače ovamo vodi.

Kuća zasija. Fenjeri, upaljeni na kaliji, počeše da drhte i da blješte, takođe i kujna, podrum i gotovo sve sobe bile su osvetljene. Komšiluk se uzbuni, počeše da dolaze. Isprva nisu verovali. Ali kada videše tolike svirače, toliku svetlost, trčkaranje, kao pri svakoj svadbi i proševini, svi se iznenađeno trgoše i uveriše se da je zaista i sa njom, Sofkom, već jednom svršeno...

XII

U zoru, kada su svi bili polegali da se odmore, Marko, sada već svekar, kome su takođe bili namestali, neopažen se diže, i siđe dole. Krišom Magdu zamoli da mu dovede konja. Samo ga Sofka opazi. Istrča za njim.

— Kuda, tato?

Marko se zaradova usled te njene pažnje a i uplaši, da se zbog toga drugi gore ne probude.

— Ćuti, ćeri! Sada će tata da se vrati! Idem, da naredim kod kuće.

Morao je to. Nije smeo novoga prijatelja da odvede onako, pošto je znao da kod kuće niko ne zna i nije ništa spremno. Zato je on cele noći, pored svega pića i vesela, jednako morao da se drži, čuva, da bi, eto kao sad, pre no što svane, otišao kući, spremio i tamo udesio i posle došao po prijatelja da ga vodi k sebi, na dalju čast i dalje vesele.

Zato i on, kad se oseti na alatu, kad iziđe iz kapije, drhćući iz sve snage, pođe slobodno, srećno, što se ne prevari, što se ne ispuni njegova sumnja da nikada Sofka, i tolika i takva lepota, neće poći za njegova sina, još manje ući u njegovu, seljačku kuću, i biti njegova snaja. I on, ni sada još nikako ne verujući u to, od sreće, nije na konju mogao da se smiri. Alat, začuđen tom njegovom nemiru u sedlu, a zbog jako zategnute uzde i njegovih grčevito stegnutih kolena u slabine, poče, propinjući se od bola, da okreće k njemu svoju glavu, kao da ga pita i vidi šta mu je gazdi. Ali Marko samo položi ruku na alatovo čelo, na grivu, između ušiju, i čisto stidljivo, kao umiravajući ga, promuca:

— Ćuti, alate!

I pusti mu dizgin. Alat pojuri grizući uzdu i izmahujući njom, a pazeći da svoje zadnje noge mnogo ne izbacuje u stranu, da ne bi Marka naglim kretanjem svojih sapi u sedlu drmao i druskao. Poleti kao tica pokraj mahala ka njihovoj ulici. Modrina zore i svež, još vlažan vazduh, poče da ih šiba. Tek se svanjivalo. Iz kuća po mahalama razlegali su se na sve strane petli. Upaljene sveće videle su se iz pojedinih soba i štala. Rubovi dolina ocrtavali su se na nebu i gubili jedno u drugom.

Marko ulete na otvorenu kapiju, koja je, kao uvek kad bi on bio u varoši, a ne bio kod kuće, nekud noću otišao, morala cele noći otvorena da stoji.

Arsa ga prvi vide, i preplašen odjuri unutra, u kujnu, kod gazdarice, da je probudi:

— Gazdarice, gazda!

U to Marko dojaha do praga kujnskog. Stana, njegova žena, iziđe i pridrža mu konja.

On još s konja, skidajući se, pruži joj ruku.

— Celivaj!

Ona ga celiva, ali se trže uplašeno i poče da blene.

— Kaži, dragička!

— Pa... dragička — poče Stana, snebivajući se i čudeći se.

— Snahu imaš!... — Ali, kao da mu to ne beše dovoljno, zastade i gledajući je odozgo, svetlo, nastavi:

— Snahu imaš, što ceo svet nema, Sofku, hadži-Trifunovu unuku. Ali ne znaš ti, — okrenu se on ljutito, kad vide da ona ne samo što se ne zaradova, već se i uplaši.

Brzo uđe u onu veliku sobu i otuda ču se kako viče:

— Da se namesti! Što god ima, sve da se donese. Sve da se skine s tavana.

Arsa poče kao bez duše, od straha, da donosi i uz pomoć Staninu da namešta. Marko je stajao, gledao i sam naređivao Arsi šta će gde da se namesti i kako.

— Tu... Tako... Još... — I onako u čizmama, pojasima, sa silavom i gunjom, saginjao se i, za čudo, sam svojom rukom, a ne nogom, nameštao je i doterivao asure, pokrovce, govoreći:

— Tako... To ovde... Tako... Daj još... Sve donesi!...

Pošto namestiše sobu i pošto je Marko još jednom pregleda, čizmama utapka, naročito krajeve, oko zidova, da ne štrči ispod ćilimova slama novih rogoža. I pošto još jednom zapreti Arsi da sve uredi a osobito da se ona, gazdarica njegova, odmah obuče kao što treba, i spreme sve za doček, brzo i to peške ode, vrati se kod Sofkinih, da otuda dovede prijatelje, efendi-Mitu.

Stana, tek kada on ode, kad ostade sama, uvide da je zaista sve to istina. I onda se sasvim uplaši. Ali Arsa joj ne dade. Silom, donoseći joj haljine, gonio ju je da se oblači. Naročito je pazio da, po običaju svom, ne veže i obesi o pojas onaj seljački nožić sa nekim starim, zarđalim ključićima. Ona se oblačila, ali nikako nije mogla još sebi da dođe i nikako nije verovala u sve ovo.

Ali, kada docnije, pošto se sasvim razdani, pošto sunce uveliko ogreja, odozgo počeše da se čuju svirači, i već ovamo kod njih da se viđaju mahalska deca kako ispred svirača jure, i kad, sigurno na taj glas svirke, iz komšiluka, tobož zbog vode sa njihovog bunara, počeše da dolaze žene, ona, kao da se sakrije, pobeže, uđe u kuću. I tamo u kujni, da li od radosti, sreće, ili ko zna zbog čega, briznu u plač.

Arsa međutim istrča da širom otvori kapiju I da tamo na njoj dočeka novog prijatelja.

Stana ih, jedva se držeći na nogama, brišući suze, a jednako osvrćući se i krijući se, da je toliki svet, koji odjednom ispupi dvorište, ne vidi i spazi kako plače — dočeka u kujni. Marko, kada je vide takvu smušenu, ne samo što se, po običaju, ne naljuti i ne zgranu na nju, nego smejući joj se, kao da je izvede iz zabune, poče je dirati:

— Ne plači, babo! Da te nije žao, što si postala *baba?*

I efendi Mita joj priđe, poljubi se sa njom.

— Kako si, prijateljice? Jesi rada prijateljima?

Ona je samo mucala:

— Kako da ne, kako da ne!

I dok su njih dvojica tamo u sobi na pokrovcima sedeli, Arsa im iznosio od svake sorte rakije, da probaju, koja će im se dopasti, pa da im posle tu toči I donosi, ona ovamo, u kujni, nije mogla od ognjišta da se makne. Još više je zbunjivala svirka ispred kuće a najviše navala sve ta: komšiluka, dece, i starih žena, što počeše, kao na svakoj proševini, da pune kuću čestitajući:

— Srećno, srećno, tetka-Stano!

Od Cigana, koji bi joj potražio da štogod pije, svakome je po punu okanicu, onako kako bi dohvatila, davala sa tepsije, po kojoj ih je Arsa bio naređao. A međutim, ma da je znala da to treba, i baš je to najviše i plašilo, osećala je kako nikako ne može da se sagne, da kafu na ognjištu pristavi i skuva, još manje da slatko iznese i posluži, ili bar da uđe tamo k njima, u sobu, i, kao što je red, sa novim prijateljem se razgovara: pita za zdravlje snahe i nove prijateljice, koje istina nije još poznavala, ali koje su joj sad toliko mile i drage, kao da su joj rođene.

A Marko, kao da je znao kakva je ona sada, ponovo iziđe, da je ohrabri.

— De, šta ti je?

I, što nikada, pomilovao je po njenoj uskoj, gotovo sedoj glavi.

Nju to još više potrese:

— Oh, ne mogu, bre, Marko!

NEČISTA KRV

I to reče takvim glasom, sa takvim sjajem u očima, kao ko zna pre koliko godina, valjda celog života jedan put, valjda još u početku braka, prve bračne noći, ako joj je tako milo i potreseno izletelo to: „Oh, bre, Marko", pa eto tek sada, posle tolikih godina. I od sreće dohvati Markovu ruku, prinese je svome licu i poče je ljubiti, osećajući kako je prsti njegovi miluju.

— De, de... — I samoga Marka to teknu i razdraga. — Pa drži se, ne podaj se... — hrabreći je vrati se u sobu.

XIII

Posle proševine, sve se do sitnica doznalo o njima: naročito o njemu, gazda-Marku. Od skora su se bili doselili iz Turske. Ali, kao da nisu ni živeli, tako se za njih ovamo gore, oko crkve i u pravoj varoši, malo znalo, kao i za ceo taj njihov kraj dole. Znalo se samo da je ispod crkve, da vodi na drum, i da pored tekije i preko vinograda izlazi na granicu.

Njihovo selo bilo tamo u Turskoj, odmah iza manastira Svetog Oca. Kuće sve od kamena, čak i krovovi od kamenih ploča. A njihova kuća najveća, u sredini sela, gotovo kao neka kula, pošto je i celo selo proizišlo iz te njihove kuće. Govorilo se da je sama njihova kuća čitav sprat u manastiru podigla, česme popravljala i sve što trebalo davala manastiru, a naročito svoje ljude iz bratstva, sela, da zajedno sa kaluđerima brane manastir. Jer su na daleko bili čuveni, naročito pretci Markovi, kao „kačaci". Turčin, koji bi zapao međ njih, u njihov atar, selo, više se ne bi video živ. Asker, ma koliki bio, retko da se otuda vraćao, a da nije bivao ili prepolovljen ili gotovo sav uništen. A već kajmakam ili spahija za kakav danak, desetak, nije smeo ni da priviri. Jedino što su oko toga njihovog, kao gradića a ne sela, bila u naokolo udaljena nekolika arnautska sela.

A to bogastvo njihovog sela i njihove kuće umnožio je najviše isti ovaj gazda Marko, kada je, posle oca, preduzeo starešinstvo. On je bio i pismen. Otac ga kao oženjenog (a oženio ga, po običaju, rano, dečkom) dao u manastir da uči. Ali ga dugo nije zadržao: bojao se da mnogo ne „preuči", razneži se i ode u varoš. U tom otac ubrzo umro, te on preuzeo kuću voditi. Poče jače da se druži sa Arnautima i da prodaje stoku za tursku vojsku.

Ali jedno sve pokvari. Marko i neki čuveni Ahmet, Arnautin, poglavica najvećeg i najjačeg fisa, pored interesa što su imali da njihove kuće i fisovi budu u ljubavi, jer niko onda nije bio u stanju da na njih udari, i lično su se njih dvojica voleli. I to se voleli toliko, da su se on i Ahmet, iako ovaj Arnautin, tuđe vere, u manastiru pred kaluđerom pobratimili i to pijući iz rasečenih ruku krv jedan od drugog. Od tada za njih dvojicu nije bilo vere, ničega. Markova kuća za Ahmeta je bila slađa, prijatnija nego njegova rođena; kao što opet za Marka u Ahmetovoj kući nije imao ni harema ni ičega skrivenog.

A obojica su bili lični, naočiti i silni. Kada bi ostali nasamo, gledajući se, osećali bi kako od zadovoljstva i sreće zatrepere. I uvek su bili zajedno, po trgovini, po saborima, čak i po manastirima i veseljima. Ceo kraj, celu čuvenu Pčinju njih dvojica su nosili i imali u svojim rukama. Koliko bi puta Marko, baveći se po godinu dana na putu, kad bi došao, prvo svraćao tamo, kod Ahmeta, pobratima, i kod njega presedeo, odmorio se i tek onda došao kući. A znalo se da nijedan Ahmetov bajram, veselje, radost njegove kuće i njegova bratstva ne može biti bez njega, kaogod i ovamo kod Marka opet bez Ahmeta, ili koga od njegovih ukućana.

Ahmetov sinovac, Jusuf, gotovo odraste u Markovoj kući. Za njega se znalo da ga Ahmet, pošto nije imao dece, najviše voli i da njega sprema sebi za zamenika. A da ga je najviše voleo, videlo se po tome što ga kod „pobratima" ostavljao, nešto stoga što je bliže bio manastir, da bi mogao češće ići i tamo učiti, a najviše da se kod Marka i njegovih, kao kud i kamo pitomijih, svetskijih, što više prilagodi, nauči, upitomi i spremi za starešinstvo i vođstvo brastva. I niko nije bio pažen i voljen kao taj već „njihov Jusuf", „Jusufče" kako su ga svi zvali. Za sve Markove brastvenike bio je on kao neko vuče, neko divlje mladunče, koje oni treba što više da pripitome, što više da mu ugode. I svaki mu je činio, ugađao, više nego svojemu.

Ali posle se videlo šta je. Marko je imao sestru, i to jedinu, koju je, hoteći da je poštedi da se ne bi udala za kakvog njihovoga seljaka i bila izložena teškom seljačkom i planinskom životu, odvojio i ostavio kod kuće. I čak poslao je da i ona uči u manastiru. Docnije, nije je tako brzo udavao, jednako merkajući kakvu za nju zgodnu priliku. I ona je posle, kao jedina ženska, koja je večito bila kod kuće, čak i za vreme najvećih poljskih radova, najviše se sa tim Jusufčetom i zabavljala. Ona ga poučavala svemu: i čitanju, oblačenju i govoru. I mogli su naočigled, pred svima, da se ljube, pa ipak nikome ne bi mogla da padne rđava misao. Prvo što je ona od njega bila starija, a i što je to bila Markova, „batina" sestra, koja im je, u osustvu njegovom, bila starešina. A drugo što se znalo da sama ona vrlo dobro zna kakav bi zbog toga lom i nesreće nastale.

Ali jedne godine, kada se Marko vratio, ona je toliko bila bremenita, da nije smela da se pojavi. Marko, kad čuo, jedva, na molbu i plač svih, na komade svojom rukom što je ne iseče.

I ne smiri se dogod mu ne javiše da su je na konjima — a sve krišom noću — u neki ženski manastir odveli, i ne pokazaše pramen njene odsečene kose i parče od crne joj kaluđerske rize.

Ali na užas i trepet brastvenika, videlo se kako on, bata im, Marko, čisto žali. I to ne toliko sebe, koliko Ahmeta pobratima, jer za Jusufčića zna se da mora biti mrtav; ali, daj Bože, da se na tome zaustavi, a da ovi njegovi i samoga Ahmeta sa kućom ne unište.

Uzalud Ahmet, preneražen, ceo fis dovukao k sebi, da mu Jusufčića dan i noć čuvaju i paze. Krišom ga noću odvodili u druga plemena, samo da Markovi ne doznadu gde je.

Ali to ništa nije pomoglo. Najmlađi iz brastva Markova, još neogarena, detinja lica, kao da je ispod zemlje išao tako neopažen prošao sva arnautska sela, našao selo i kuću u koju su bili odveli Jusufčića. Ne zna se kako se popeo na krov, kako je ceo dan presedeo skriven u badži, trpeći da ga davi i guši dim sa ognjišta. Samo, kad ovi u veče sa Jusufčićem zaseli oko ognjišta, da večeraju, naoružani, sa puškama preko krila, i sa stražom ispred kuće, ovaj odozgo, kroz badžu, upao posred ognjišta. U mraku i zaprepašćenosti svih odsekao Jusufčiću glavu. I onda dočekan od svojih, praćen njima, halakajući, dojurili svi ovamo i gore, na kući pobili mrtvu Jusufčićevu glavu, te njome oprali greh i sramotu sa kućnog starog i kamenog slemena.

Odmah Marko, ne sebe radi, nego da sačuva jedinca sina a i brastvu budućeg vođu i starešinu — ženu i sina preveo ovamo. Kupio ovu kuću. Navukao otuda sa sela sve ono bogastvo, istina sirovo ali veliko: grdne denjkove ćilimova i ponjava, brašna, vune, vina, a od stoke samo kućne krave, kućne konje, sa kojima su se bili, naročito žena mu i sin, kao srodili. A sam on, kao ne mogući da se odvoji sasvim otuda, a i stoga, što bi bez njega sva rodbina bila potučena i upropašćena od Ahmetovog brastva, zakupio nekoliko hanova, koji su bili po granici, koji su više služili za šverc, krađe i puškaranje između Arnauta, nego za trgovinu, da bi iz tih hanova držao Arnaute u škripcu, strahu.

Ovamo kući, u varoš, retko bi dolazio. Ako bi došao u godini tri, četiri puta. Čak i preobuka slala mu se od kuće, pa i to ne često. Obično subotom, kada bi dolazile rabadžije, da na svojim teškim, volovskim kolima, za hanove prenesu espap, kao: veliki grumen soli, kace pune zejtina, gasa, ali uvek najviše baruta i olova i oružja.

Ovde je jednako sedela negova žena, Stana, sa onim slugom, Arsom, koji se već nije smatrao kao sluga, jer je kod njih bio i odrastao.

A Stana, kako prvi put došla ovamo, u kuću, takva i ostala. Već je bila stara. Suva, visoka, sa uskim licem, mirnim, gotovo belim očima i ustima. Ma da je imala čime celu kuću da namesti, ipak ništa nije činila. Još su stajali denjkovi vezanih stvari: ćilimova, jastuka, pokrovaca. Trebalo je samo jedan dan, pa da se kuća sva ispuni. Ali ona, uvek tobož kao od velikog posla, nije mogla. Sve se kao kanila. Svaki dan se brižno pitala: kad će već po kući da razmesti, a opet bi ostavljala i odugovlačila. Sve se kao nečem nadala. A izgledalo je da se najviše nadala da će se opet vratiti u selo, ma da je bila sama uverena da je to nemoguće. I zato nikako se nije mogla da „povaroši", da se pomiri i uživi u kuću. Večito je bila sama, i kao odbačena od nečega. Dolazile bi joj komšike, od njih neke, isto tako kao i ona, doseljenice iz Turske. I ona bi išla k njima, ali samo to i više ništa. Ni s jednom da se istinski sprijatelji. A od celog odela, po kome bi se moglo da sudi da je u varoši, samo što je nosila anteriju i to skupocenu, svilenu, ali opet je ispod nje virio kraj njene dugačke, debele seljačke košulje. Jednako se još zabrađivala žutom, prostom i jakom šamijom, jednako opasivala futom, o kojoj je visilo nošče sa nekoliko ključića od raznih sanduka. I jedino što je, mesto u opancima i bosa, išla u papučama i vunenim belim čarapama. Pa i to, koliko se puta zaboravi i počne da vezuje opanke, dok ne bi, smejući joj se, Arsa podviknuo:

— E, ej, gazdarice, nismo u Pčinji.

I da joj nije bilo još toga Arse, ko zna šta bi bilo od nje, onako same. On joj je bio sve, i selo i varoš. On je išao po varoši, po čaršiji, i onda sve njoj ovamo do sitnica pričao. Ona je od njega saznavala kakva je čaršija, kakvi dućani, espapi, mehane, naročito Šareni han, gde dolaze iz Turske Turci i njihni seljani. Svakoga od njih Arsa bi redovno dovodio ovamo kod nje, i oni bi se posle s mukom, gošćeni i čašćeni, mogli od nje da odvoje, i da joj naodgovaraju na njena silna zapitkivanja o svemu.

I bar da joj sina Tomču, kada ovaj poče rasti, Marko ostavljao kod nje, možda bi joj bilo drukčije. Ali, čim Tomča odrastao malo, prešao desetu godinu, on ga — kao bojeći se opet da čak ovamo, u varoš, Ahmetovi po njegovu glavu ne pređu — počeo voditi sa sobom i posle ga gotovo nikako od sebe i ne puštao. Samo na Božić ili Uskrs dolazio bi s njime. I tako ona nikada sina da se nagleda, nikad da može makar noću, u spavanju, da ga ižljubi. A i on, dečko, pa već kao otac. Nema još dvanaest godina, a već počeo nož da nosi i sa dva pojasa da se opasuje, i da se na nju izdire, zapoveda joj i nikako joj ne da da ga mnogo ljubi i milije. Jedino što bi joj pokatkad sâm dolazio, to bi bilo kojom subotom, kada bi, mesto oca, došao sa rabadžijama da espap uzmu. Pa i to bi morao odmah sutra rano da se vraća.

Koliko puta, kada joj ga po toliko meseci on nikako ne pošlje niti joj ko drugi — a to je najviše plašilo — donese kakvu vest o njima, ona, ne mogući da izdrži, počne Arsu, kao da je on kriv, da pita i da ga kao kori:

— Oh, što ne šalje to dete? Što ga toliko drži kod sebe? Malo se on krvi sa tom prokletijom (Arnautima), nego i ono dete.

Arsa bi počeo da se kao buni, ljuti, što ona njega pita.

— Pa šta znam ja, gazdarice? Znaš ti gazdu.

Ali odmah bi okrenuo da je hrabri: kako će ga sigurno poslati ove subote, jer otkada nisu ništa pazarivali. A da je to sigurno, da đe ove subote ko od njih doći, zna i po tome što je on tobož čuo kako su ovih dana imali tamo mnogo posla, mnoge mušterije, i sve su istrošili od espapa. Ali bi tada, sigurno osećajući koliko laže, i Arsa prekidao, ostavljao je i kao bežao od nje.

Ona i ne slušajući ga, jer je uvek od njega takve odgovore i dobivala, vraćala bi se presamićena u kuću hukćući:

— Oh, šta ga ne šalje?... Pa bar da jave...

Izedoše me!

XIV

Na glas da se Sofka isprosi, cela varoš, siteći joj se, odahnu. Dakle jednom već i to se i sa njom svrši, i da su oni sami Boga molili, pa ne bi im tako ispalo za rukom da se ona ovako uda, u takvu seljačku kuću i za takvog mladoženju, još dečka, koga će morati da uči kako da se opasuje i umiva. I pošto nikog nije gledala, niko njoj nije bio ravan i dostojan nje, naposletku i pravo je da tako i svrši. Bar da se zna! Neka se vidi da i ona nije baš onakva i tolika, za kakvu se izdavala. Zatim, po običaju, i pored toga, počeše u po taji razna pričanja, ogovaranja.

Ali u koliko su ogovaranja, priče išle i širile se, u toliko je ovamo kod Sofke jednako bila širom otvorena kapija, dvorište navek počišćeno, i gore nameštene sobe nisu mogle da se naprimaju istog tog užurbanog i radoznalog sveta, osobito ženskinja. Ali Sofka je sve to znala unapred i junački izdržavala. Znala je kakva će zapitkivanja, zadirkivanja biti, a sve iz potaje da se dozna i vidi da li je zaista ona srećna, da li ga zaista voli, takvoga muža, još dete! Znala je da će najmasnija i najdrskija peckanja biti od njenih tobož intimnih nekadanjih drugarica i vršnjakinja. I zato je bila obučena u raskošno odelo, u teške, crvene kao krv šalvare, sa velikim žutim kolutima od srme oko džepova i nogavica. Na prsima joj je uvek bila ona niza dukata, poklon od Marka, koja joj cela prsa pokrivala i koja je, kao što je Sofka i znala, svakoga j najviše i zaprepašćivala. Dočekivala ih je sve sa užagrenim očima n kao krv rumenim ustima, čak i navlaš obojenim, jer je znala da će te njene užagrene oči i rumena usta tumačiti se da su sigurno, kao kod svake verenice, od ljubavi i sreće.

U veče Sofka, zamorena tim dolascima, ispružila bi se po minderluku, koji je bio u isto vreme i krevet. Magda u siniji, gotovo klečeći ispred nje, služila bi je jelom, da bi Sofka zbog toga morala ma štogod da jede, jer inače nije ništa od jela uzimala.

Posle večere cele noći Magda bi kod nje predremala, tobož da joj je na usluzi, a u stvari čuvajući je. Jer Sofka, pored svega što se upinjala, ne podavala, ipak, ipak, svake noći kao da je bila u groznici. Ne zna koje je već doba, tek osećala bi sebe kako je sva vrela. Iz usta počeo bi da je pali dah. Okretala bi glavu prozoru, i tamo na nebu, međ oblacima, odmah bi tako jasno i istinski videla kako se ocrtava i izdiže *on*. Jak, visok, sa jakim rukama. I onda on počinje k njoj da dolazi. Uzima je na svoje ruke, i, ne sagibajući se, toliko je snažan, prinosi je sebi, i ljubi je, tako da bi mu čak i vrh od nosa osećala.

Tada bi đipila. Unezverena izvan sebe od straha, hvatala bi Magdu za ruku i pokazivala joj na prozor i na nebo.

— Magdo, vidiš li?

Magda, kao sve to unapred znajući, da li iz iskustva ili iz verovanja, vradžbina, odmah bi joj kvasila čelo vodom i mokrim peškirom vlažila usne. Sofka bi se brzo osvešćavala, i da bi od Magde to sakrila, kao od stida, okretala bi se ničke i naređivala joj:

— Magdo, pokri me. Hoću da spavam!

A sutra, danju, Sofka već nije žalila sebe, jer bi gledala kako je sobom, svojom žrtvom i onim svojim noćnim mukama, bar ostale usrećila. Kuća se povratila i dobila onaj njen nekadanji, stari, sjajni, toliko čuveni izgled: utišana umirena i svečana. Otac joj u pola novom odelu, a nije hteo sasvim novo da načini, da se ne bi kazalo da je to od Sofkinih para što je od svekra dobila. Po ceo dan bi bio kod kuće. Ili se šeta, ili obilazi oko kuće, po bašti i sve nadgleda, doteruje. Najviše se zadržava u podrumu, u kome su već ležala razna burad od pića, što mu prijatelj Marko poslao i što on svakoga dana ponovo traži, kad bi mu se koje piće dopalo. Oko ručka on već postaje nestrpljiv što ručak nije gotov. Sam ide u kujnu, obilazi oko ognjišta, proba od jela i naređuje Magdi ili materi kako će se koje jelo zapržiti, koje parče mesa za njega ostaviti i bolje se ispeći... Mati opet, jednako obučena u svečano, glave ne diže od spremanja kolača, tucanja šećera, prženja kafe: po kujni ne može se proći a da se ne nagazi na koje zrno šećera ili kafe. Od preostalih tatlija, kolača i lokuma, što se nije moglo da pojede, dolapi, rafovi i prozori donje sobe pretrpani. A to sve zbog njega, oca. Njemu se uvek dopadnu ti kolači, a ne mogući sve da ih pojede, naređuje da se ostali ostave, pa će ih on sutra pojesti. A to opet nikada nije činio. Pošto mu se sutra neki novi kolači i pite dopadnu, to onda opet naređuje da od njih ostave za njega za sutra. I to se toliko dana gomilalo, da uskoro počela cela kuća, osobito dole, kujna i ona velika soba, da zaudaraju na onaj težak, masan zadah, pun zagušljivosti, teškoće, ali nekako sladak, razdražljiv.

A opet celog dana ne može Sofka da se odbrani od darova i poklona što joj otuda svekar Marko jednako šalje. On posle proševine prestao da ide od kuće u han i selo. Sigurno sada kuću i sve žurno sprema za svadbu. I onda celog dana ovamo šalje darove i slatkiše za nju. I svako veče, u mrak, čisto krijući se, i sam kao osećajući da nije u redu, ali ipak svakog bi dana dolazio. Odozdo sa kapije čuo bi se njegov pun glas:

— Gde je moja Sofka?

I silinom, punoćom i razdraganošću tog svog glasa ispupio bi celu kuću, čak ovamo gore, do Sofke.

Ona, zadižući šalvare, da joj ne bi smetale, a i kosu sklanjajući iza vrata, potrčala bi odozgo k njemu.

— Evo me, tato.

I ljubila bi ga u ruku.

On bi joj davao dar izgovarajući se kako tobož išao tako po čaršiji, pa mu slučajno palo u oči, a osobito kakve minđuše, i eto kupio za nju. I posle čašćenja i gošćenja sa ocem, čak i večere i posle nje dubokog u noć sedenja, on, odlazeći i praćen Sofkom sa svećom do kapije, uvek u potaji, krišom, da ga ne bi ko čuo, pitao bi je:

— Da ti ne treba para? Da ti dâ tata.

— Imamo, imamo, tato.

— Ama ne to. Nego za tebe, da svoje pare imaš, pa ako ti što treba, što zaželiš, da kupiš sebi.

Dalje je ne bi ni pitao, i Sofka bi, ljubeći ga na rastanku u ruku, osetila u šaci dukat.

XV

I za sve vreme od kako se isprosi, pa ni na sam ispit, kad prvi put vide mladoženju svog, Tomču, koga i ne zapamti, jer joj je jedva dopirao ispod pazuha, nikako se Sofka ne zaplaka.

I tek uoči svadbe, u subotu, kada po običaju sa svima devojkama i mladim ženama iz rodbine i komšiluka ode u amam, da se iskupa i spremi za sutrašnji dan, za venčanje, prvi put što se tamo zaplaka.

Ceo amam je bio zakupljen. Mati i druge joj tetke i stare žene ostale su kod kuće. Jedino što je pošla baba Simka, čuvena trljačica, koja će tamo Sofku kupati. Njoj je to bio zanat. Bila se isprva poturčila, pobegavši za Turčinom. Docnije, kada je ovaj napustio, služila je po haremima, a kad ostarela, vratila se ovamo. I od tada jednako svaku udavaču ona tamo u amamu kupa i „trlja"

Govorilo se kako ona zna mađije: kako kupajući udavače ona ih i uči, daje im kao neke čini, kako će se sutra, na dan venčanja, i posle venčanja, muževima što više dopasti i ući im u volju.

Zato je Sofka sa tom baba Simkom i pošla. Mati joj je imala samo što više jela, pita i kolača da ispošlje u amam, čime će se one tamo ča- stiti i gostiti. I zaista je sve to odavno, još pre ručka, po sluškinjama, zajedno sa preobukama, bilo odneseno. A Sofka kad pođe, onda se samo poneše darovi: peškiri, čarape, čime će se amamdžika i ostalo osoblje darivati. To, uvijeno u bošči, ponese sobom baba Simka.

Ispraćene i odgledane sa njihne kapije čak do na kraj ulice, ušle su u onu usku, krivu ulicu, koja je, vodom izlokana, bila navek puna kamenja, te se nije moglo da ide u gomili, skupa, već u redu, jedno za drugim. Na kapijama žene, devojke ustajale su i, znajući da to ona, Sofka efendi-Mitina, ide u amam, radoznalo su iščekivale da je vide. Simka, srećna, kao da joj je ovo najbolja preporuka za njen zanat, jer eto i oni, efendi-Mitini, pozvali je da im Sofku kupa, a kamo li neće drugi, niži, sirotniji od njih. Sa svakom se starijom ženom zdravila, razgovarala i zastajkivala.

A i ove same su je zaustavljale, kao da je to njena radost, slava, što se Sofka udaje. Svaka ju je predusretala:

— O, srećno, srećno, baba Simka!

Ona, radosna, odgovarala je:

— Hvala, hvala, da Bog da uskoro i ubrzo i vaša devojka!

Sofka, ogrnuta u novu, skupocenu, nevestinsku koliju, dar od svekra, išla je u sredini. Bilo joj je prijatno. Znala je da sve u nju gledaju. Nova čohana kolija, ma da je toplo zaogrtavala i grejala je, ipak ju je stezala u plećima i oko kukova. Znala je da joj se sigurno sada snaga zato jače ispoljava, vidi. Oko vrata uzdignuta jaka nežno i meko milovala joj je vrat.

Penjući se tom uskom ulicom i približavajući se amamu i onom ćošku za koji su morale da zađu i odatle pravo čaršijom naviše da odu u amam, Sofka je znala da će, kao uvek, na tom ćošku oko dućana biti skupljenih momaka, neženjenih, i drugog sveta. Naročito ih je tu u dane, subotom, kada se znalo da ženske idu na kupanje. A sve moraju tu da naiđu. Znala je da će ih sada sigurno biti i više. Jer još i pre, kao devojka, kada bi ona i mati idući na kupanje tu naišle, odmah bi se osetio međ njima pokret, jer njih dve bile su obučene u najlepše, najskupocenije odelo. I nije se znalo kome više da se dive, koja je lepša, da li mati ili ona, Sofka. A sada, kad ide kao udavača, bila je uverena da će se što više skupiti, da bi je što bolje gledali, podsmehujući se i sažaljevajući je, što eto i ona već mora da se uda, istina za najbogatijeg gazdu ali još seljaka, tek što se doselio, i to za muža koga nije ni znala i koji je bio još dete. I to ona, ona! Zato Sofka, približujući se ostalima, nije se, kao druge udavače, plašila od tog gledanja, već je, ne gledajući ni u koga, išla mirno, polako. Ostale su, naročito mlade devojke, šiparice, crveneći od radoznalih, čisto zazornih pogleda, kao kroz šibu prolazile i bežale na više ka mostu i amamu, tako da je baba Simka, kad je videla da će sa Sofkom gotovo sama ostati, morala da ih glasno zove.

— More, šta se rasturate? — zaustavljala ih da bi, kao što je red, običaj, sve zajedno stigle pred amam, koji se odmah više mosta video. On je bio okrugao, sa starim kamenovima a pri dnu, okolo, sav memljiv i vlažan.

Gore, ispod samog krova, prozori sa rešetkom da se ne bi moglo kroz njih iz čaršije tamo unutra gledati. Krov polegao, širok i sav crn. Jedino u sredini gore, gde su bila stakla kroz koja je u amam dolazila svetlost, video se kreč, malter. Oko amama svuda voda, naročito od one amamske česme, iz koje se amam vodom puni a koja se posle ovamo u čaršiji i oko amama razlevala. Više amama opet je nastajala čaršija i čuvena ciganska mahala, sa visokom, starom sahat-kulom. Otuda su već dopirali zvuci ćemaneta, dahira i bubnjeva koje su tamo Cigani, svirači, po svojim kolebama probali i doterivali, da budu gotovi i, čim padne mrak, počnu otuda da se rasturaju ovamo po varoši.

Ispred amama dočeka ih sama amamdžika. I pošto je Sofka poljubi u ruku i darova je košuljom, ona prvo nju uvede unutra i odvede je u čelo, na najlepše mesto, gde je bio prostrt dušek, dok su svuda okolo po minderluku bile asure. Pod je patosan pločama. U sredini gorela je obešena lampa, jer je od visokih ograđenih prozora bilo malo svetlosti. Jedino što je bilo još svetlosti, to je dolazila od onog velikog kupa žara, koji se crveneći žario i svetleo i oko koga su se sušili pištimalji. Za Sofkom uđoše i ostale. I čim se za njima zatvoriše i zaključaše amamska vrata, sve, osetivši se zatvorene, sasvim se oslobodivši, brzo, veselo počeše da se penju po minderluku i da se svlače. Ubrzo se amam zašareni svučenim haljinama, ispuni se razgovorom, kikotanjem, radosnim uzvicima od žurbe.

I poče i pre kupanja: golicanje, smeh, nabacivanje haljina jedne na drugu, silom svlačenje i otkopčavanje nekih, koje su se stidele, jer su tek sada prvi put dolazile u amam. Naročito od mladih žena, skoro udatih; nije se moglo opstati. One su prve bile svučene, prve gotove. Svaku devojku su jurile, zadirkivale. Ubrzo pa lupa nanula Ciganki, koje su išle i raspremale, lupa vrata amamskih i njihnih tokmaka, obešenih drvenih ćutuka, koji su po vratima, prilikom zatvaranja, padali odozgo udarajući ih i pritiskujući ih, da što bolje stoje zatvorena — sve se to izmeša i poče da bruji... Neke, već gotove, svučene, ne mogući čekati, sa nanulama u rukama, trčale su bose po pločama, da što pre uđu unutra, a otuda se vraćale vrišteći, prskane hladnom vodom od drugih koje su pre njih ušle. I sve, kao da im je baba Simka bila sve i sva, otac, mati, njoj su se obraćale, tužile jedna na drugu. Po koja tek vrišteći otuda istrči.

— Teto, mori, Vidi ove! Ne može od njih da se prođe!

Za njom, gotovo posrćući, uzverena, zajapurena izleće druga i viče:

— Baba Simka, strina Pasa svu me modricom načini! Svu me izujeda.

Iz amama opet dopire strina-Pasin grleni glas, glas mlade, male, pune žene i tek sada, posle udadbe, sasvim razvijene:

— Sama je kučka. Ne može da izdrži kad se vidi kako je lepa, pa se sama ujeda i štipa.

Sofka, sa baba-Simkom do sebe, onako odvojena, na najlepšem mestu na dušeku koji je pokriven belim novim čaršavom, svlačila se. Ali nekako sporo. Ona je odavna za sve ovo znala. I onda, čim se isprosila, unapred je znala da će sve ovo biti: cela njena svadba, i one proševine, i kitke, i darovi, i ono skupljanje muških na ćošku, gledanje i sada ovo u amamu. Znala je kako će i sada, kao i nekada, isto ovako kroz visoke prozore jedva dopirati svetlost, tamo u dnu treptati onaj veliki kup žara, ispod minderluka biti hladnoća od vlažnih ploča, tamo na ulazu stajati testije hladne vode, poređani redovi nanula i Ciganke u mokrim haljinama, suve, crne sa svetlim očima i belim zubima. A iz pravog amama će dopirati toplota, para i ona zagušljiva amamska ustajalost...

Znala je i to da je sada, kada uđe, neće više gledati kao pre, kada je sa materom dolazila, još bila neisprošena (onda je sve iz daleka čisto zaobilaze, diveći se njenoj lepoti), već da će je sad sasvim drukčije gledati. Kao da je nikada nisu videle. Sada će sve, kada počne da se svlači, krišom, jedva, iz potaje, iščekivati da se sasvim svuče, te da je što više mogu gledati, motriti joj svaki deo tela, svaki njen pokret. A sve to stoga što se sutra udaje, ide mužu. Za sve to Sofka je znala i bila prema tome unapred odavno ravnodušna.

Ali kada vide da se sve svukle, gotovo sve otišle u amam, a do njenih nogu jedina ostala baba Simka, pa i ona već gotova, opasana pištimaljem i sa velikim nanulama na suvim nogama, i čisto zaklanjajući svojim usahlim telom bakarne boje Sofku od radoznalih pogleda, pušeći razgovarala sa amamdžikom i, sa nekom nasladom, mešala turske reči, — Sofka čisto pretrnu, jer se nije nadala da će joj sada sve to ovoliko i ovako doći. I iz straha da to ko ne opazi, da se zato ona tako sporo svlači što se boji, i onda kao sažaljevajući je, da ne počnu dolaziti po nju, da je ohrabre, ona brzo, odjednom, baci sa sebe i ostalo odelo i užurbano pozva Simku.

— Hajde, teto!

Ciganka, kojoj amamdžika brzo namignu i koja je naročito zato stajala i čekala, brzo Sofki do nese lepe, šarene, „sedevske" nanule i ponizno ih navuče na njene male, rumene noge. Zatim pođe ispred Sofke da joj otvori vrata. Sofka, kao tresući se od jeze, glavom zabaci kosu. Oseti kako joj se ona po leđima i dužinom tela zatalasa, i nežno je pomilova. Nožnim prstima jače držeći nanule, da joj se slučajno ne iskliznu, uputi se vratima. Prva vrata, teška, puna vlage, stara, pri dnu sva istrulela, otvori joj Ciganka. Ona sa Simkom uđe. I kada ču kako veliki „tokmak" po vratima lupnu, zatvarajući ih za njom, kad oseti paru, vlagu od vode i sapunice a iz amama urnebesne klike, kikotanje, zvečanje tasova, zapljuskivanje vode, ona opet pretrnu, opet, kao što se nije nadala, dođe joj teško, tužno. Ali se trže i sama otvori druga vrata i uđe u amam.

Isprva se nije moglo od pare ništa da vidi. Jedino je odozgo kroz zrakasta stakla dolazila svetlost i osvetljavala sredinu, „teršene", a okolo po svodovima, po „kurnama" gde je bio potpun mrak, gorela su kandila i mrko crveno osvetljavala. Iz čepova šuštala je voda padajući u kamena, mramorna, četvrtasta korita. Na sredini teršena jedva se nazirala izvaljena tela i oko njih ili po njima već slepljeni pramenovi, vlažnih, dugih, crnih kosa.

Čvrsto, visoko, uputi se ona svojoj kurni, koja se poznavala i po dvama kandilima i po crvenom zastoru na ulazu, ali je baba Simka zadrža i šanu joj:

— Sofke, prvo na teršenu da se iznojiš i ispariš.

Ona skrenu. Sve koje su ležale radosno, dirajući je, dočekaše je i načiniše joj u sredini mesta. Ona se pope, leže. Ali ne kao ostale, na leđa komotno, već ničke, sakrivši prsa i podbočivši čelo na preokrenut tas. Ugrejana ploča pekla ju je. Ali njoj je bilo hladno. U prstima stisnutih ruku, u grlu, osećala je jed, gorčinu, i to na samu sebe. Što da joj je sada ovako? Što, kada je sve znala, ipak da joj sada dođe ovoliko teško? Što da je vide i gledaju kako njoj nije milo, ne raduje se. I još kada Simka sede do nje prekrstivši noge i jednako pušeći i pijući rakije, što joj amamdžika beše poslala, i to ne da i ona, kao ostale, leži, da se pari, već da čeka kada će Sofka biti gotova, pa da je kupa, trlja. I ta blizina baba-Simkina dođe joj još teže. A znala je da sada nastaje i teže i gore. Jer sada će ponova nastati veselje, pevanje. I to, kao uvek, sve će pesme biti o ljubavi, čežnji, mesečini...

I zaista, uskoro to i bi. Žene su oko nje još ležale i parile se, ali devojke već počeše. Ne mogu više da izdrže ležanje, toplotu. Počeše opet po kurnama, oko čepova, i tamo po pločama izvaljujući se jedna drugoj u krilo, da se pljuskaju. A iz krajnjih tamnih kutova, gde se od pare nisu mogle da vide, počeše glasno da pevaju tad novu pesmu:

Žali, diko, i ja ću žaliti.

Odmah sve prihvatiše. I žene oko Sofke digoše se. I one odoše tamo, izmešaše se sa devojkama. I one počeše da se umivaju, polivaju vodom, pevajući zajedno sa njima. Žene su se poznavale po jačini i širini glasova. Voda otuda iz kurni, od mnogog polivanja, poče u mlazevima da se razleva ovamo oko Sofke i oko teršena. A pesma sve jača, strasnija. I to kao navlaš sve oko onoga: kako nije blago ni srebro ni zlato, i kako kao da je ona tobož imala dragog, volela se sa njim, pa sada ne polazi za njega, — i one, videći kako joj je teško, sažaljevaju je, i da bi je utešile, pevaju te pesme o rastanku. Hoće da joj pokažu kako ona nije sama, kako eto i međ njima ima koje su isto tako nesrećne, tuže, venu. A Sofka je znala da to kod nje nije. I zato joj teže padalo.

Gotovo sama, poklopljena ničke, opkoljena parom, vodom, pesmom, osećala je kako je para guši kako zajedno sa parom guta reči tih pesama. A oni udarci tokmaka na vratima od Ciganki, koje su, poslužujući, svaki čas izlazile i ulazile, kao maljevi je lupaju po glavi i u mozgu joj ostaju. A pesma, zvuk tasova sve jači, sve bešnji. Dok jedna, a to baš ona koja se tužila kako je strina Pasa ujeda, vitka, crnpurasta i bežeći od drugarica, koje su je jurile, polivale vodom, da joj se sva kosa bila slepila po njenom krasnom vitkom telu, dotrča ovamo na teršene kod Sofke i dignuvši ruke, zaturivši glavu, zapeva tako silno, da amam kao zvono odjeknu:

Da znaš, diko, da znaš, diko,
Kako venem za te.

Pa odjednom prekinu, i, kao da se ona sutra udaje, poče da žali, nariče:

Jao, jao, jel'te, diko, žao,
Jel'te žao, što se rastajemo.

— Teto, hajde!

Sofka se diže. Osećala je da neće moći izdržati, da će pući.

I, kada uđe u onu svoju odeljenu kurnu i kad oseti da se iza nje spusti zastor, ona, držeći se za glavu, čisto pade do česme i grunu u plač. Simka, kada to vide, brzo se okrete i ne davajući Ciganki da i ona uđe, vidi, presrete je i naredi joj da stoji spolja i jako, dobro da drži zastirač, kako se ne bi ništa videlo.

Ciganka ostade spolja držeći čvrsto zastor, da se ne leluja, tajanstveno smešeći se, misleći da se zato kriju što će Simka sada Sofki, trljajući je i kupajući je, davati mađije, čari za muža.

A međutim, Sofkinim odlaskom, žene i de— vojke kao da se sasvim oslobodile. Od pare, toplote, rasparene i omekšane do kostiju, da izlude od besa, pevale su. Amam bruji. Čak i amamdžika ušla. I onako obučena, sa pletivom o vratu, zagledala se. A sve nadvisuje i vodi ona ista devojka. Stoji na sredi, digla tas više glave i jednako peva. Peva zanosno iz sveg grla. Amam zveči:

Jao, jao, jel'te, diko, žao?
Jel'te žao, što se rastajemo
Rastajemo, a...

I nemogući više od sevdaha, baci tas od sebe. Tas zveknu, odskoči i zvečeći otkotrlja se. Sve se prenuše uplašeno da ih amamdžika za to lomljenje posuđa ne grdi. Ali se i ona, stojeći onako na ulazu, beše zanela, gledajući u onu.

Međutim ovamo Sofka je grcala, kao nikada u životu. U malo što nije na glas jaukala, tako je plakala. Puče joj sve pred očima. Bi joj sve jasno: da ovo što joj sada toliko teško, ovoliki jad i bol; da ovo što ona eto sada plače kao nikada, jer je ni rođena mati ne vide da se pred njom ikada zaplaka a kamo ovoliko kao što sad plače, da čisto oseća kako joj se srce čupa i snaga raspada — da sve to nije zbog toga što polazi za nedragog, već da je zbog drugog nečeg, što je veće, gore. Sada se sve svršava. Ono što je znala, slutila da će doći ali ipak do sada još bilo daleko, eto sada već je tu, došlo je. Do sada bar, iako nije koga volela, a ono bar se kome nadala, čekala ga, snevala i u snu ga ljubila. A sutra, posle venčanja, sve prestaje. Više nema kome ni da se nada, ni o kome da misli, još manje da sanja. Sve što je duša volela, za čim je žednela, iako ne na javi ono bar u potaji negovala, sve sutra ide, odvaja se, otkida...

Kida samu sebe.

— Uh, uh, teto, teto!

Grčeći se, ugurivajući se u Simkino krilo, u njena sparuškana nedra, plakala je, vila se Sofka obezumljena. Njeno sasvim razvijeno, kao od mramora rezano, raskošno telo, iznojeno, okupano, blještalo je i prelivalo se u lepoti i punoći.

Baba Simka ju je kupala. Polako, znalački, svojom rukom sa već kao pergamenat otvrdlom kožom prelazila je po njoj, po njenim leđima, plećima, oko prsiju, da bolje istrlja, te da sutra ti delovi na venčanju jače, istaknutije, lepše joj stoje. A na Sofkin ovoliki plač, grcanje, nije obraćala pažnje. Bila se sama zanela tolikom Sofkinom lepotom, kakvu odavna nije imala prilike da vidi, te je čisto kao teseći sebe, što i njoj biva sada teško, i gledajući Sofku kako plače, sama sebi govorila i samu sebe kao hrabrila:

— Eh, sigurno mi je ovo prvina. Kao što joj zaista nije bila prvina, naročito sada, u poslednja vremena. Nijedna nije bila srećna. Nijedna da je polazila za drago. Gotovo sve su ovako kao Sofka plakale, jadale se, ronile suze... Ali koja vajda!

I bojeći se da će se sada, kada se amam smiruje, jauk i plač Sofkin sigurno čuti, pa da bi ga kao zaglušila, ona se glasno sa svima ispred njihne kurne razgovarala, zadirkivala, šalila. I kada se Sofka, sasvim pribrana, umirena, diže naposletku i iziđe iz kurne, Simka joj ništa ne reče. Činila se da ništa ne zna. Na Sofkino:

— Hajdemo, teto! — ona samo što odgovori:

— Hajde, Sofke!

I to njeno „hajde Sofke" tako se slagalo sa Sofkinim glasom. Bilo je u njemu neko saučešće, uteha, ali i hrabrost i rešenost: pisano je, nema se kuda, i onda — hajde, da se ide tamo kud se mora. I to saučešće u njenom glasu Sofku toliko tronu, ohrabri, da, sasvim umirena, iziđe iz amama smelo i sa osmehom.

Ove ovamo po minderlucima, oblačeći se, nisu mogle još da se ohlade od kupanja. Iz mintana, jeleka, virila su njihna topla prsa, crveni, jedri vratovi sa uznemirenim, nabreklim i oznojenim žilama. Sve su još jednako bile razuzurene, nikako da se priberu, ohlade. Svaki čas su leteli iz ruke u ruku beli peškiri, kojima su brisale znoj sa čela, zavlačile ih među prsa, ispod pazuha, i otuda ih izvlačile mokre i sasvim presavijene od znoja. Onda su ponovo drugi, suvi peškir uzimale, jedna drugu molile da je obriše gde ona sama ne može, po leđima ili ma gde. A usled tog međusobnog trljanja, opet je nastalo zadirkivanje, golicanje, bežanje i valjanje po haljinama. Opet se ceo amam ispuni mirisom njihnih čistih, okupanih i strasnih tela. Iz samog amama, kurne, jednako je ovamo na mahove, kako bi se vrata otvorila, dopirala para i toplota, i to tako jasno otuda na mahove pahtala, da je izgledala čisto kao nečiji uzdah, kao od onih tamo mramornih ploča, koje kao da žale za njihnim lepim telima, koja su do sada po njima ležala...

I ta se toplota i para otuda ovamo sve više mešala sa svetlošću sveće i malo hladnijim vazduhom, i sve više punila vlagom i tamom ceo amam. A to ih je, izgleda, još više dražilo, opijalo i znojilo. Sve veća je i veća cika i jurenje nastajalo.

Ali to sve odjednom prestade kada se Sofka pojavi. Sve se k njoj okrenuše i sve je kao u jedan glas, zadirkivajući je, dočekaše:

— O, nevesto! nevesto! Ah, Tomčo! Ah, pusti sine! kakvu će sutra da grli!

— More, đuvendije! — iz svega glasa viknu tetka Simka. I da bi, kao što je red, sada posle kupanja nastala što veća šala, smeh, veselje, okrete se amamdžiki:

— A mori, što gledaš, šta stojiš tu? Što otuda (spolja, iz čaršije) ne pusti njih nekoliko, da ove đuvendije umire?...

— O, o... tetka amamdžike, pusti Vaski onoga njenoga Ristu. Eno ga dreždi i čeka pred amamom na mostu.

— A tebi Jovana! — odazva joj se uvređen i srdit Vaskin glas.

— Mitu, Mitu, puštajte! — odjeknu s drugoga kraja od one raskalašne snaške, i videlo se kako besno baca pogled na istu onu crnomanjastu devojku, koja je kupajući se pevala i bacala tas. Besno grleći, dirala je:

— Mitu, Mitu ovoj puštajte! — I odjednom zapeva:

Mito more, Mitanče,
Crkni mi, pukni, dušmanče
Mito more, Mito, Mito!

I to „Mito" sve prihvatiše i počeše sa toliko čežnje, strasti, ludila da pevaju i izgovaraju, da i sama amamdžika, razdragana, smešeći se, morade da ode, još jače da pritvori spoljna amamska vrata, da se tamo, u čaršiji, ne bi čulo i oko amama počeli da skupljaju muški.

Simka već beše obučena i sela u čelo astala. Ispred nje je već stajalo staklo rakije, kisela grožđa, krušaka i paprika. Oko nje počeše i ostale da se ređaju, osvežavajući se voćem i ostalim slatkišima.

I Sofka je grabila da bi bila brzo gotova. Siđe i ona, sede međ njih. Počeše i nju da služe, i, na iznenađenje svih, ne samo što poče jesti, nego ispi i nekoliko čaša rakije, a jednako sa onim zadržanim osmehom na ustima, s očima malo stisnutim i obrvama jedva primetno nabranim, kao smejući se svima i sve ih sažaljevajući...

XVI

U polumrak vratile se iz amama. I sve dok su prolazile čaršijom, prelazile onaj most, uvijene, pognute i krijući se jedna uz drugu, išle su mirno. Čim se izgubiše iz vida čaršiji, opet počeše da se pogurkuju i obaziru. A već kada kao namirisaše Sofkinu ulicu, sve pojuriše. Svaka je trčala, da što pre stigne. Baba Simka ih s mukom zadržavala, dok naposletku ne diže ruke od njih i gotovo samo sa Sofkom ostade. Ali Sofka je toliko bila umorna da ništa od toga nije primećivala. Samo kad sagleda kuću i već ispred kuće upaljena dva fenjera, koja su gorela i treštala, kao neka dva crvena stašna oka, a između njih se lelujao venac od šimšira i velikih belih ruža, kojim je bila okićena kapija — njoj cela kuća, naročito zbog toga šimšira, kao da zamirisa na nešto pokojno, mrtvačko. Na krovu, koji je prepokrivan sad, sigurno od onog novca dobivenog za nju, padoše joj u oči nove ćeramide, koje su jasno odudarale od starih, crnih, mahovinom već obraslih, crveneći se, kao da su od mesa, kao — a to nije mogla da pojmi otkud joj dođe i zašto — kao da su od njenog mesa, od nje same. Ona se sva strese. Ali se pribra i sa baba-Simkom uđe ne na kapiju, jer će od sada na nju ulaziti samo svatovi, zvanice, gosti, nego iza kuće kroz komšijske kapidžike.

U kući je već sve bilo uzrujano, izmešano, i vrilo od sveta. U kujni je krkljalo jelo u velikim loncima, i svuda masna para; iza kuće buktao je veliki oganj, treštao razgoren žar, na kome su se okretali i pekli prasci i jaganjci; iz one komšijske kuće, odmah preko bašte, gde je sada ograda bila izvaljena, da bi se moglo u nju komotno ići, jednako su dotrčavala deca, sluškinje, jednako se tamo vukle haljine, jastuci, jorgani, kolije, jer će se noćas tamo sva deca nositi da spavaju...

A ovamo po kući sve žene, osobito mlađe, bile su tako lepo obučene, sve u stajaća ali većinom tanka, svilena providna odela. Jer sutra, za Boga, treba da se pokažu svatovima novoga prijatelja, da se vidi kakva je Sofkina rodbina. Sve su bile u dugačkim svilenim anterijama a povezane čajkama sa raznim nakitima; a skoro obojenih, masnih i crnih kosa, navučenih obrva, nabeljena lica, osobito podbradaka i grla. Podbratci i vratovi bili su sasvim otkriveni. I to tobož zbog posla, trčkaranja po kući, a najviše i zbog toga što su znale da za sada, ovoga večera, neće dolaziti nijedan stranac, tuđ ‚čovek, već će sve biti njihni, iz rodbine, i, nemajući od koga onda da se kriju, zato su sve bile slobodne, više ovlaš obučene, a čisto su uživale u toj svojoj otvorenoj, komotnoj nakićenosti i lepoti. I kao da nisu bile matore, neke gotovo već stare, već kao da su devojčice, tako su se od te svoje otkrivenosti i slobode bile razdragale. Svaki su čas otuda iz kujne istrčavale sa vriskom i vrelim licem. Svaki čas su silazile u podrum, gde je bilo piće, i oko bunara već je uvek po koja hladila lice i glavu.

Sofka se svemu tome nije ni čudila. Znala je da će one, kao na svima svadbama, veseljima tako i sada biti takve. Kao da će ove noći biti sa drugima, a ne sa svojim muževima, tako će biti lude. Trista će čuda od besa i strasti činiti. I docnije, što piće bude jače, njihni muževi pijaniji, zagrejaniji i one će sve raspaljenije sve strasnije bivati, kao da se sa tim svojim muževima, s kojima su već toliku decu izrodile, tek tada prvi put u životu vide, kao da se prvi put tada zavole i zaljube jedno u drugo. I cele noći biće sve gore, sve bešnje. Svaka će gledati da bude što luđa, što vatrenija, da tim, tom svojom velikom ljubavlju prema njemu, svom mužu, kao podiže mu i daje neki veći ugled i cenu.

Jer eto svaka od njih počela već oko ognjišta da izdvaja od jela i začinjava ga onako, kako *njen* voli. Neke čak donele od svoje kuće brašna i masla, jer zna da *njen* najradije od toga brašna voli; neke opet u testijama od svojih vina, jer boji se da će, ako drugo vino, jače piće pije, kao što je lud, trista čuda načiniti, a ovamo od tog, njegovog vina, na koje se navikao, ništa mu neće biti. I tako svaka. Svaka će gledati sebe, da što više ugrabi od veselja, sreće. Nijedna se neće obazreti na nju, Sofku, još manje da joj bude bar blagodarna što eto njoj, zbog njene udaje i svadbe, ima da zahvali za to svoje veselje i radost. I tek će onda, po običaju, u zoru, kada počnu dolaziti gosti, kada treba Sofka da se oblači i bude spremna za venčanje, tek će se onda nje kao setiti. Iskupiće se oko nje, i kao kajući se što su je noćašnjim svojim tolikim, od srca, kao samoživim veseljem, zaboravili, počeće, češljajući je i kiteći, da plaču, nariču oko nje.

Ali zato ipak na njih Sofki nije bilo krivo. Znala je da im je to jedino, kada budu svadbe i slave, što i one mogu da se sasvim odvoje od rada, briga, dece, i osete život. I tada, pošto se i pre same svadbe dugo radi, dugo sprema, onda se kad već i ona dođe, sve zaboravlja, baca, potpuno se predaju jelu, piću i veselu. I to čine nešto zbog toga što im je kao jedino tada dopušteno, a nešto i zbog samih sebe — same se tom udajom i ženidbom zagreju. Valjda ih ona podseti na njihne udadbe, kada se one venčavale. I onda na tim udajama drugih one, neke od razdraganosti što im se nade ispunile, pošle za onoga kojega su volele i želele, sada se kao kaju, što su onda bile tako lude, stidljive i uzdržljive; neke valjda od bola i tuge što im se nikad one nade nisu ispunile, ne pošle za dragoga, niti će ikada osetiti šta je drago i milo — postaju toliko lude i besne.

Zato je njih Sofka sa osmehom gledala odozgo, kako im lica, od pića i od razdraganosti, došla rumena, vrela, i to od onog tamnog ženskog rumenila; kako im se očešljane kose sve više razvijaju i u neredu, viticama, padaju oko vratova; anterije i pojasi im se već olabljavaju i okreću u stranu, i kako već ne mogu više da izdrže. Što više dolazi i pada mrak, one bivaju sve unezverenije. Ne mogu da dočekaju kada će već jednom sasvim mrak da padne (ma da je bio pao), sasvim otpočeti veselje? Od kada su već sve sveće po sobama i fenjeri ispred kuće i po dvorištu upaljeni; odavno se oseća jak i silan miris jela i pečenja; odavno je već i prašina počela od njinog silnog trčanja da se diže, koleba, a još ništa ne počinje. Jer, još svirači ne dolaze, a dok oni ne dođu, dotle ništa nema. I, zaista, što već ti svirači ne dolaze? Jer ako se ovako još čeka, neće se moći izdržati, možda će se pre toga neka od njih već opiti, već zasititi i onda — našta tolika radost, tako dugo čekanje i žudnja... I zato, kada se već jednom ču odozgo svirka, cela se kuća pokrenu, sve polete na kapiju, s uzvikom:

— Eto čalgidžija!

Svirači su zaista dolazili. Čuo se čak i zvon čampara od čočeka, i vika dečurlije, što je skakala ispred njih. Dole u dvorištu, što se svirači više približavali, sve više se dizala graja:

— A, babo, babo!...

To se odnosilo na mater, koja je, onako uzrujana, izgledala da se zgranula od radosti. Nije znala šta će, jer eto i to dođe. Dođe da sada ,kao svaka mati, koja dočeka ovo veselje, mora prva oro da povede.

Naposletku i svirači uđoše. Pokloniše se pred Todorom i zbiše se i stadoše do zida uz kapiju. Čočeci skidoše čampare, pa i oni pristojno stadoše. Aščika brzo tada priđe Todori, pokloni joj se.

— Srećno, babo!

I predade joj sito, puno šećera, leblebija i ostalih šećerlema, koje će ona uz igru drugom rukom oko sebe prosipati i bacati, da bi tako pun, sladak i raskošan bio novi bračni život njenoga deteta.

Svirači zasviraše. Todora poče... Ali, da li kao od radosti, ili od zbunjenosti što je sve u nju gledalo, pomete se. Poče da greši. Brzo, smejući se, uhvatiše se do nje druge i počeše da je popravljaju. I ona se brzo trže, popravi. Poče da igra, vodi, zanosi i onom drugom rukom iz sita oko sebe, na široko po dvorištu, po kući, čak i preko kuće da baca šećer i leblebije.

Mrak otpoče bivati sasvim gust; fenjeri počeše jače da svetle, kuća, osvetljena i puna toplote od ljudi, ženskinja, njihna odela, mirisa, poče kao da se kreće i nija. A oro nikako nije prestajalo. Sve se jače širi, razvija. Poče da opasuje svu kuću i puni celo dvorište. Već su okolni komšijski zidovi načičkani susedima, osobito devojkama, koje su dovedene da tako preko zida gledaju Sofkinu svadbu. Na kapiji ulaz je već bio zakrčen. Već i tuđi momci iz cele varoši počeli da dolaze, i hvataju se u oro...

A sve to odozdo jednako je gledalo ovamo gore, na nju. I Sofki se učini da, pored nje, najviše gledaju u ono iza nje na doksatu, u njene spremljene i raspoređene darove koje će sutra nositi mladoženji: svilene jorgane, dušeke i jastuke. Osobito kao da su gledali u onaj crven, svilen, svadben, za dvoje širok jorgan. Sofki se učini kao da je gola, jer tako poče, ne znajući ni sama zašto, samu sebe da zagleda, kao da se uveri da li zaista na sebi ima odela, da joj štogod ne fali. Ali brzo se seti da to ne sme dopustiti, osobito, da je taj tuđi svet, načičkan oko zidova i na kapiji, tako gore usamljenu gleda, i po tome doseti se kako je njoj sigurno teško, i onda da je počne žaliti. Brzo zabaci šamiju i siđe. Glasno, kao u inat nekome, ču se kako ona reče:

— Hajde da igramo.

— Mlada, mlada hoće da igra! — I sve se skleptaše oko nje, osobito strine joj, tetke. Sigurno srećne što se time pokazuje Sofka viša, jer eto hoće sama ona da igra, a ne kao ostale udavače, koje se tek moraju tražiti, izvlačiti iz kutova.

Svirači počeše. Čočeci, kao u počast, ispred same Sofke stadoše, da je prate u igri. I Sofka jednim pogledom ispod očiju odmeri sve. I pošto svoju donju vlažnu i vrelu usnu stisnu, da joj se gornja kao i obrazi uzdigoše, nadmeše, povede kolo. Ali kako! Znala je da je noga neće prevariti. Znala je da će je sada najviše gledati, najdrskije piljiti u nju; da će svaki njen pokret, svaki deo njenog tela, bilo noge, bilo koleno, kukove, koji će joj se u igri pojavljivati iz haljina, sve to sada dovoditi u vezu sa sutrašnjicom, sa tim njenim mužem, prvom bračnom noći. Osobito znala je da će je muškarci, tuđinci, koji su je retko viđali, sada proždirati pogledima. I zato se očima, uprtim u svoja prsa, kolena i vrhove nogu, s jednom uzdignutom rukom, pusti celu sebe u igru. Prvo kao pokleknu, odskoči i odmah zatim poče okruglo, toplo da se nija i kreće po svirci.

Ostale jedva dočekaše tu njenu razdraganost, te i one počeše još veselije i bešnje, osobito čuvena i strasna igračica, tetka Pasa. Ona, čim spazi Sofku kako zanosi, igra, čisto surevnjiva, odmah se do nje uhvati. Ali i ostale tetke, mati joj, ne dadoše da se ona sa Sofkom nadmeće. Sve se oko nje uhvatiše, i počeše s njom da se nadmeću. To bi zgodno za Sofku, te se neopažena povuče i ostavi ih da se utrkuju u igri: zagrljene, gotovo jedan korak u korak, jedan pokret u pokret, jedan skok u skok. Uskoro dvorište im postade tesno, svirka jaka i silna, čočeci tamni i razdraženi...

XVII

U samu noć dođe kući i efendi Mita, obrijan i očešljan. I, kao što je red, običaj, tako je i on dockan došao, kada je bio siguran da su do tada žene ovamo već bile sve posvršavale što treba: i ono kupanje Sofkino u amamu, slaganje darova njenih po doksatu, dočekivanje svirača, igranje prvoga ora, prosipanje šećera. I onda posle toga zna se dolazi „njegovo", tj. dedina dužnost, da sada kada počnu muški gosti dolaziti, on sam ih dočekuje.

I zato, kada dođe, pošto pregleda kujnu, bogato obdari aščiku, Cigane, a najviše baba-Simku, povuče se gore. Žene odahnuše. Znalo se da više neće silaziti, već će, ako mu što treba, odozgo naređivati. On se izgubi gore u osvetljenim sobama. Sigurno je pregledao postavljene velike, okrugle sofre. I ma da su tada već bili u modi astali, ipak je naredio da se, po starinski, postave sofre, jer je znao da ih niko, sem njih, nema takve široke i velike, niko onako, za tridesetoro, dugačke, jednostavne peškire preko kolena, niti iko ima onakve i za onoliko sveća zlatne i srebrne čirake.

Posle se ču kako odozgo viknu:

— Magdo!

Kao uvek, tako i sada nije zvao neposredno: „ti, Magdo, Todoro", jer bi to bio za njega kao neki posao, poniženje, već tako u opšte samo ime spomene, pa onda neka drugi, koji čuju, zovu toga koga on traži.

Magda uzlete. Ču se kako joj zapoveda: da onu sofru u čelu još jače povuče, oko nje više jastuka naređa, da ne bi iz one druge sobe pirkalo i ko nazebao. A po tome se već sigurno znalo da će on tu sedeti i da za sebe tako i uređuje. Posle naredi da se sveće u čiracima bole razrede, bolje nameste; gore, na doksatu ispred vrata, da se iznese i obesi još nekoliko fenjera, da bi stepenice bile bolje osvetljene; da se posle tamo, uza zid doksata, donesu klupe i astal, za kojim će svi- rači sedeti. A za njega da se donese tronožna stolica, sa malim, od same vune rastresenim jastukom, na kome će on sada, gore, uvrh stepenica, morati da sedi dočekujući goste. I u isto vreme da mu se donese ona njegova rakija, koju je još od jutros naredio da se hladi, i mnogo duvana, i to pravljenih cigara, jer neće imati kada da ih savija, a moraće da puši mnogo, brzo. I prvo to za njega što treba da se donese, pa tek onda da se radi ovo drugo šta je naredio.

Posle se vide kako on tamo sede, i to ne onako kako je hteo, nego kako je znao da treba sada, na svadbi, sedeti. Sede, da ga svetlost od fenjera u lice zapljuskuje, te da se, onako naslonjen ramenom i laktom o pervaz doksata, vidi ceo, da se vidi i ona njegova uzdignuta ruka sa zapaljenom cigarom među prstima, a sva razgolićena usled zavrnutih rukava, i ispod nje naniže po pervazu doksata poređan duvan, rakija i meze...

Mislio je o sebi: kako će sada morati silom da pije, da bi se brzo opio, te mogao da čini ono što mora, kao svaki otac. A kako mu sve to teško pada! Kako bi on sve to ostavio, bacio, i zaprepašćujući sve, kao što to njemu i dolikuje, otišao, daleko, daleko, daleko... Jer na šta lagati? Na šta sve ovo? Na šta da on dočekuje goste, ljubi se sa njima, kada njega ne veseli ništa ni ti gosti, rodbina, ni to jelo, piće, sedenje sa njima, veselje, pevanje i tobož radovanje?! Ali se moralo. Nije se imalo kuda. I zato sada on, da bi mogao da laže, da se pretvara, morao je tu rakiju ispred sebe, ispod ruke, sve više da ispija i cigaru za cigarom da puši i baca. Svaki čas ustaje sa stolice, opet seda, skršta noge. Svirače još nije hteo zvati k sebi gore, jer bi mu bili u blizini i zaudarali bi mu onom svojom neopranošću i masnoćom ciganskom, zato naredi da odozdo iz dvorišta sviraju.

Svirači, znajući ko je on, izdvojiše se samo oni koji su sigurno znali svirati. I počeše, i to ne običnu pesmu, već pesmu njihove kuće, koja se uvek pevala kada se ko od njih udavao i ženio:

*Hadži Gajka, hadži Gajka devojku udava,
Em je dava, em je dava, em je ne udava!*

I kako mu razdragano dođoše kao neka uteha reči i ta pesma o njinoj kući! Da, zaista, niko se od njih nije ženio ni udavao drukčije do ovako! I sam on, kad se venčavao, venčavao se više onako, ne istinski, ne radi sebe, već drugoga: oca, kuće, sveta radi... Pa eto i sada, on, svoju Sofku — zar je udaje od sveg srca? — nego što mora!...

I zato mu sada dolaze tako tačne, tako tužne reči te njihove pesme, koju su Cigani odozdo jednako ponavljali.

Hadži Gajka, hadži Gajka devojku udava,

Em je dava, em je dava, em je ne udava!
Baci im dinar i viknu dole ka kujni:
— *Žene, rakiju za čalgidžije!*

Svirači, zaradovani ne toliko njegovim bakšišom koliko što su ga pesmom zadovoljili — a znalo se kako je njemu teško ugoditi — još jače i slobodnije počeše. I same žene odahnuše videći ga raspoloženog. Jer zbog njega do tada nisu smele da se pojave. I koja bi baš morala poslom pored njega da prođe, prolazila bi, ali izbegavajući — ga, da možda ne opazi na njoj nešto: kako je ili neobučena, ili nepovezana kako treba, i počne je grditi. A tada, videći kako se on raspoložio, časti svirače, oslobodiše se i one. A i on kao da je znao za to. Stoga je namerno tako i radio. Više se pravio da je veseo nego što je u stvari bio, da bi dole žene bile slobodnije. Zato je više pio i naređivao sviračima šta da sviraju, I to ne one pesme, koje su bile lično njegove, nego ove, svakidašnje za koje je znao da ih svi ostali vole. Čak poče odozgo sa sviračima da razgovara, naravno turski. Poče pojedine da raspoznaje. Opazi i poznade staroga Musu, koji, na njegovo iznenađenje, eto još je živ, i sa svojom šupeljkom međ rukama i pognutom glavom, uvijenom starim prljavim ženskim šalovima, da mu ne bi ozeble oči, na koje je jedva gledao, sedi prekrštenih nogu, i to u kraju, pozadi sviju. A njega uvek sobom vode, ne da im pomaže u svirci, nego da, držeći tako svoju šupeljku ispred sebe, pred svetom izgleda kako i on svira, te da bi posle imao i on prava na jelo i piće.

— Musa, jesi ti, Musa? — čuše Cigani kako ga odozgo poče oslovljavati efendi Mita.

Oni, radosni što ih zbog njega ne grdi, počeše onoga muvati, da se što pre osvesti, ustane, odazove. Ovaj, kad se osvesti, đipi unezvereno.

— Ja, gazda, ja...

— Možeš li? — dobroćudno ga poče pitati efendi Mita. — Kako si? Imaš li rakije?

Staklo sa rakijom, koje su do tada njegovu od njega krili, jedva mu davali po koju čašu, sad mu celo utrapiše u ruke.

— Imam, imam, gazda! — tresući rukama poče pokazivati staklo.

— E dobro, pij! Pa kada nestane, traži još

Svirači, srećni, nastaviše sasvim slobodno i lepše da sviraju. Poče se osećati ona sloboda, koja je tako nužna za veselja i svadbe. A da bi to još više bilo, efendi Mita reši se još više da se spusti, da sasvim siđe i pomeša se sa svima *njima*. I to sve ne radi sebe, već radi njih, da bi oni bili veseliji. A naposletku i treba, pošto će ovo biti njegovo prvo i poslednje veselje sa njima. Pa onda neka bude potpuno, celo! Zato poče odozgo da silazi, a, najviše usled dosta popijene rakije, da odlazi u kujnu i tamo sa ženama da se razgovara. I da bi se one još više oslobodile, i sasvim otpao sa njega onaj ugled, poštovanje a s tim i strah, udari i u malo masnije izraze i zadirkivanja. Tako je i sa devojkama činio. Devojke opet, koje su pre od njega čisto bežale i drhtale od straha pred njim, posle njegovih tih neslanih reči i šala sasvim oslobodivši se, postadoše još nestašnije i raskalašnije.

Sve se oslobodi i pojuri. Sve, osobito devojke, koje su tako žudne bile veselja i ora, oslobodivši ga se, kao da ga i nema, tako su pored njega istrčavale, vitlale se, ne bojeći se više ni jedna da li joj se nisu slučajno šalvare smakle i bedra, polovine joj se vide više nego što treba, i da joj nije jelek i mintan sasvim zakopčan. Čak i sam on koliko je njih, kad bi prošle pored njega, zaustavljao. I srećan što ga se ne boje, ne strahuju, obgrljavao bi po koju oko stasa i metao joj ruku na bedra, a osobito na jedar joj kuk. One se nisu trzale, plašile, osećajući tu njegovu laku ruku, sa već sparuškanim dlanom. Ali je za njega to bila najveća sreća, a osobito kada bi video kako neka, usled njegova sve jačeg pritiska po tom njenom čvrstom, nabijenom, još muškom rukom netaknutom bedru, počinje da se zaboravlja, počinje da oseća kako je ta njegova, i ako stara, sparuškana ruka, ipak *muška*, i zbog toga njoj na mah u oči jurne mlaz svetlosti a na usnama joj izbije dah i strast, i onda se brzo, golicavo izvija od njega i beži.

U tom počeše već i gosti da dolaze.

Brzo, gotovo na dušak, ispuni se cela kuća. Gore muški i međ njima u čelu on, efendi Mita. On nije mogao mnogo da izdrži i onako gore, na vrhu stepenica, sve da dočekuje i sa svakim da se zdravi i ljubi. Samo je sa prvima, pa je odmah zajedno sa njima i on zaseo za sofru. I posle jedva nastade i večera, i to večera odugovlačena, teška, sa svima mogućim zdravicama, čorbama i začinima i tek jedva u neko doba ako se pređe na samo jelo, pravu večeru. I kao što je red, sve je to praćeno svirkom i pesmom svirača sproću njih, na doksatu, ali ne svirkama i pesmama kratkim, burnim, koje čoveka preseceaju, razdragavaju i pomeraju sa mesta, već znanim i naročitim za te večere, „za slatko jedenje", dugim, tihim, monotonim, koje čoveka umiruju, zanose, kao uspavljuju, te se može spokojno, sa nasladom, polako i raskomoćeno da jede i pije...

XVIII

Sofka, sklonjena u onu komšijsku kuću preko bašte, sedela je u maloj sobici na krevetu do prozora, da bi mogla otuda, kroz bašte, sve ovamo videti. Oko nje, po podu, bila su poređana deca, mala, još na sisi, koju matere nisu mogle, zbog čestog dojenja, kod svojih kuća ostaviti, već su sva bila ovde pokupljena i uvijena u pelene, da bi, tako odvojena, udaljena od svadbene larme i vreve, mogla mirno da spavaju. Zato je Sofka, znajući da će u toj sobi biti najmirnija, jer zbog te dece neće smeti kao po drugim sobama svaki čas i ma ko ulaziti i izlaziti, i došla ovamo. Samo je Magdi kazala da će ovde biti.

I zaista, kao da se dugo odmarala i spavala, dremuckajući naslonjene glave na ruku uz prozor, slušajući tiho disanje dečje, udišući onaj miris kojim je bila soba ispunjena iz njinih, još mlečnih pluća i usta, iz njinih stisnutih i uz obraze naslonjenih ručica, oznojenih glavica sa retkom kosicom i još mekim temenjačama. I sve je to oko Sofke mirisalo nekako slatko opijajući, kao na prvu travu, prvu prolećnu vlagu. I čisto joj teško padao taj mlečni dečji zadah oko nje, a još teže ona huka i vreva iz njihne kuće. Čisto joj dođe da i odavde beži. U tom uđe Magda, šuškajući polako, misleći da Sofka uveliko spava. I Sofka, samo da joj nije bilo sada tako teško, oćutala bi, načinila bi se da spava, ali nije mogla, već joj se javi:

— Šta je, Magdo?

Mora da joj je u glasu bilo nešto toliko tužno kada se Magda čisto prenerazi i poče oko nje uplašeno da obleće.

— Pa zar, Sofkice, ti ne spavaš i ne odmaraš se? A ja mislila...

— Ne...

— Ao! Pa ti nisi ni jela, mori, ništa — pljesnu se Magda, dosetivši se da zbog gladi možda Sofka ne može da zaspi, jer se seti da ona, od kako je došla s kupanja pa evo čak ni do sada, ništa nije jela.

— Pa hoćeš da ti donesem? Da idem i donesem štogod?

— Neću! Ne! — vrati je Sofka.

— A da piješ nešto? Uzmi, mezeti makar štogod? Uzmi, prvo jedi nešto, pa onda pij...

— Neću, neću da jedem! — odsečno, čisto gadeći se pri pomisli na jelo, odbi je Sofka.

— Pa onda da donesem da piješ nešto?

I ode natrag, ali setno, zamišljeno, jer po tom Sofkinom odbijanju jela značilo je da hoće da pije ne vina nego rakiju. I po tome je Magda videla koliko mora da je Sofki teško kad eto hoće da pije rakiju, koju dotle nije tražila.

Magda se brzo vrati i donese. Ali da se ne bi poznalo, niti iko mogao da pomisli da je to rakija, nasula je u testiče od vode, u čije grlo, da bi što više izgledalo da je voda, bila je uturila lišće. Sofka nateže testiče. Sa nabranim obrvama, mrdajući ustima, strese se od rakije, koja ju je pekla; ali, rešena, sa pouzdanjem, poče piti i osećati kako je po grudima pali, žeže.

I gle, kako joj odmah bi drukčije, kao nekako lakše. Pesnica ruke, podbočene o koleno, poče postajati čvršća. Cela joj se snaga poče kretati. Poče osećati ispod sebe kako joj postelja, krevet, biva vreo, čisto ne može da sedi, a u prsima srce joj jako i slobodno bije... Ponova nateže testiče i opet se ne pokaja, jer još jače oseti snage i vreline. Kroz nozdrve joj dopire noćni hladan vazduh. Bašta poče da joj se nija, noć sve lepša, određenija, kao i ona svirka, pesma:

— Hadži Gajka, mori, hadži Gajka devojku udava,

Em je dava, mori, em je dava, em je ne udava!

I Sofka oseti da već nastupa i dolazi ono kada ni ona više ne može ostati ovde, ovako mirna i usamljena. I stoga, sve više pijući rakiju, poče se spremati i za to. Jedino što joj glava zanosila i oči joj gorele. A to, mislila je, sve je zbog straha. Bojala se, kada već počnu mladoženjini gosti dolaziti, a ona će morati da ide tamo i dočekuje ih, pa pošto će je svi veselo, razdragano, gledati, iščekujući da vide kakva je ona, te, ako je i ona vesela, srećna, da se i oni još više vesele, više piju, pevaju; bojala se da ona tada baš ne poklekne, ne pokaže se dovoljno srećna, vesela.

I zaista ne posrnu, pokaza se kako treba. Oko ponoći, kada Magda kao bez duše dotrča k njoj i javi:

— Idu mladoženjini! — ona se odmah diže, i pođe sa Magdom.

I idući preko bašte čula je kako otud trčeći i jureći svi viču:

— Prijatelji idu!

I ma da je bilo osvetljeno, ipak su svi nosili sveće i jurili kapiji, da još bolje osvetle ulaz. I zaista su to bili oni, „prijatelji" i dolazili ovamo u pohodu! Čula se čas zurla, čas ćemane, i varoška, i seljačka svirka.

Uskoro se poče da poznaje u sredi njih Marko, svekar. Ispred njega momci na motkama nose fenjere, te se vidi kako oko njega idu njegovi, većinom sve seljaci. I svi se tiskaju oko njega. A on u sredi, sa zaogrnutom kolijom, zavaljenom šubarom, razgrnuta vrata i prsiju, te mu se beli nova, svilena, sa čipkama košulja, sigurno Sofkin dar. Nije mogao čekati, nego, da pokaže koliko mu je Sofka mila i draga, odmah navukao tu košulju.

— Prijatelji moji! — čuje se kako viče okrećući se oko sebe. — Neka me čuju! — naređuje sviračima, da jače, više sviraju.

Nastade rukovanje, ljubljenje. Seljaci sve oko Marka i jedan uz drugoga, kao plašeći se ovolike kuće, osvetljene, pune sveta i to varoškoga „golemaškoga" sveta. Jedino se on, Marko, ne buni. Sav radostan, čuje se kako rukujući se viče:

— Jeste radi gostima, prijatelji?!

— Kako da ne, kako da ne? — zaglušuje ga sa sviju strana.

Dolaze do stepenica. On zastade gledajući gore, gde ga prijatelj, efendi Mita, gologlav, jedva držeći se, opkoljen hadžijama i ženama, čeka — i poče da viče:

— Gde je moja Sofka?

— Evo me, tato! — dotrča Sofka do njega i poljubi ga u ruku. On kao da oseti kako Sofkin poljubac zapahuje na kupanje, i, sav srećan, ostade držeći ruku na njenoj glavi, kosi. Sofka, osećajući vrelinu i težinu njegove ruke po svojoj kosi, poče da se ugiba, dok je on drugom rukom zavlačio u onaj dubok džep i otuda ponova čitavu pregršt novca počeo da joj daje. I Sofku već stid od tolikih darova i čisto poče da se i nećka:

— Dosta, tato!

— Sve će tebi tata!

I sa njom poče da se penje, pustivši da ga ona vodi. Tobož on ne zna put, ne zna stepenice, pa ne bi znao kuda da se uputi. Na to svi zapljeskaše:

— Tako, svekre, tako, tako!

Sofka ga poče voditi. Prvo ona korakne, na gornju stepenicu stane, pa onda se okrenu k njemu držeći ga za ruku, stoji i čeka, dok i on to isto učini, a oseća kako sve više u oznojenoj joj ruci prsti njegove ruke drhte i čisto je grebu, sigurno zbog sada potkresanih nokata. On, gledajući u nju kako ga sa pažnjom, milošću naočigled sviju vodi, drži za ruku, od sreće čisto se zanosi. Da li da je još daruje? I ponova počinje rukom oko džepa, ali ona to ne da, već krišom, licem, očima daje mu znak da to ne čini. On zbog toga, zbog te njene intimnosti, još je srećniji, Ne zna šta će. Okreće se svome grnetaru, koji ga u korak prati, i grca, muca:

— Alile, de, sinko!

Alil, policiganin, u belim čakširama, sa čalmom, dugačka nosa, prosed ali visok, dugih ruku, dugih laktova, počne da izvija i trepti grnetom. I prateći ih svirkom, zajedno se i on za njima penje.

Gore ih dočekuju. Efendi Mita sa svima se ljubi. Ali Markovi seljaci još nikako da se oslobode, nikako da se odvoje sasvim od njega i da podalje posedaju na iznesene stolice i jastuke. Već se svi zbili u gomilu, i svi oko njega, Marka, svog „bate".

A Sofkini opet, radi njih, da bi pred njima pokazali koliko oni vole i cene svoga novog prijatelja, tog njihovog „batu", svi su se utrkivali u služenju, obletanju oko Marka. Todora ga je jednako služila, svojom rukom dodavala čaše, meze. Morao da joj dopusti da mu sama ona skine koliju. Počeše već i da je peckaju.

— A, Todora, babo, babo, mnogo ti oko novoga prijatelja!

Marko, sedeći na stolici, u čelu, sa rukom na kolenima, gologlav, uzdrhtalog grla i usta, nije znao kome više da se zahvali. Da li Todori, priji, koja jednako oko njega obleće i čija ga toplina i jara iz njenih još zdravih krupnih prsiju čisto u čelo udara, ili Sofki, svojoj, ako da Bog sutra, snaji, koja ga jednako dvori, klečeći mu uz koleno, pravi mu cigare i, paleći ih, sama mu ih meće u usta; da li opet svome Alilu grnetaru koji, klečeći podalje od njega, izvija i svira kao nikada dotle. I Marko, ne mogući više izdržati, a ne znajući šta će od radosti i sreće, skoči i, sa rukama pozadi, priđe Alilu:

— Alile, bre, zemlja da igra, tako da sviraš! Alil, čisto kao uvređen, odgovori:

— Gazda Marko, svirka moja, obraz moj!

I klečeći još više se saže. Poniknu grnetom dodirujući njime pod, tako da kao ispod zemlje poče da se razleva svirka, čuveno „teško oro".

— Todora, Todora! — povikaše svi.

I na iznenađenje svih — jer su znali da, ma koliko navaljivali, mučno će ona pristati, osobito pred mužem i ostalima, starijim, da igra i to baš sad, i to čuveno „teško oro" — ona odmah poče, i to kao nikada dotle, tako slobodno, razdragano. Svi počeše da pljeskaju, starci da se izvaljuju, da bi je što bolje videli. Efendi Mita, izvan sebe, poče u dvorište da baca čaše, prosipa vino.

XIX

Sutra sunce zateče čočeke preobučene u bela odela i nabeljene, i to mnogo, utrpano, da bi se sakrile bore i umor na licu od noćašnjice. Dvorište je još mirisalo na prolivano piće i jelo, a osobito po pragovima i stepenicama. U bašti od onoga jučeranjeg velikog ognja jedva se podizao i rasplinjavao okvašen, ugašen dim, koji je već mirisao na đubre.

Dole do kujne, u onoj velikoj sobi, Sofka je već spremna i obučena čekala. Na njoj je bila sama svila. Ali ni šalvare, ni njena gotovo gola prsa, pretrpana nizama i dukatima, nisu mogla od dugačkog i gustog nevestinskog vela sasvim jasno da se vide. Jedino što se ispod toga vela videlo kako joj blješti grlo, vrat i podbradak sa ustima. j Usta joj se nikako nisu mogla da smire. Jednako je gutala pljuvačku. Pokatkad počela bi da oseća kako joj i pored sveg naprezanja i upinjanja, iznenada, odjednom zaigraju kukovi. A nije smela da sedne, odmori se. Osećala je kako joj znoj na prsima kao graške izbija, valja se i između dojaka, niz onu dubodolinu, pada, kaplje. A ništa nije sada sa sobom smela raditi, osobito oko svoga tela, jer je znala da, kad bi počela ili da namešta kosu, razgrće šalvare, da bi slobodno mogla kročiti ili, kad bi ta sada oznojena prsa počela brisati, da bi svaki odmah s podsmehom pomislio, kako se ona eto sprema, doteruje za muža. Zato je morala sasvim ukrućena da stoji i da bude ukočena, ukipljena.

Sve što se sad oko nje po kući, dvorištu događalo, za nju nije postojalo. Ona je jedino znala i mislila samo na to: kakva će biti kad pođe prekorači prag i pojavi se pred svatovima i svetom. Zato joj i samo vreme brzo prođe. Ona huka, graja, dočekivanje svatova, njihni pucnji pušaka, kao neko halakanje, topot konja, krckanje samara i, po bašti, i od konja i od ljudi, u tišmi rušenje ograde, gaženje cveća — otuda nijedna bašta posle udadbe ne može se po dve, tri godine nanovo podići i sasvim zazeleneti — sve se to oko nje tako brzo zbi. Samo se trže pred izlazak, kada dojuriše tetke i strine, i plačući, praštajući se od nje, počeše je grliti, ljubiti i kititi najviše cvećem po kosi.

U tom uvedoše devera: mlad, visok i, videlo se, naročito odeven i ukrašen seljak, a tamo kroz kapiju grunuše izmešani i mladoženjini i Sofkini svirači i čočeci sa svirkom i pesmom:

Hadži Gajka, more, hadži Gajka devojku udava.

Mati joj poslednja dotrča, poče da je ljubi i jeca:

— Sofke, Sofkice!

Ali Sofki su čelo i usta već bili hladni, te se ona brzo i nemo sa materom poljubi i pođe, iziđe iz sobe.

Prekorači prag, ali sunce, sjaj i graja je zapljusnu. Veo joj se zakači za prag, i to joj dobro dođe. Zastanuvši, malo okrenuta u stranu, sa uzdignutom rukom kao braneći se od toga sunca, sveta i graje, čekala je da joj otkače veo, i u tom oseti kako se pribira, snaži. Jer stojeći tako na pragu, znala je da je celom tom svetu dala vremena da je već ovako upola dovoljno vide, te da se posle ne prenerzžuju i začuđuju kada se ona sva k njima okrene. I to bi. Ona, i tako poluokrenuta, čim se pojavi, ču opšti žagor i dah. Osobito se ču kako njegovi, svekrovi seljaci, iznenađeni, zaradovani i čisto ponosni zbog te njene tolike lepote, počeše sebi a naročito njemu, svekru, svome bati, kao da čestitaju:

— Ah, bato! ah, bato!

Kao svakada nisu odmah mogli da joj otkače taj veo, jer svi su hteli i grabili se.

I tako, zastanuvši na pragu, ona se sasvim pribra, i kad bi gotova, brzo se okrenu i sve, i svatove, i okolni svet, mirno, jasno i sa osmehom pogleda i kao pozdravi klimnuvši glavom. Izlazeći na kapiju oseti samo kako joj lice i kosu do- dirnu onaj venac od šimšira i drugog cveća, već osušenog, gotovo sparuškanog od fenjera, i to je zadahnu nekim zagušljivim mirisom kao na tamjan i sveće. Ali i od toga se ona brzo otrese, jer vide kako je ispred nje ulicom, pa čak tamo do crkve, sa obe strane bilo puno sveta. Sve se kapije crnele, ispunjene ženama, osobito devojkama, koje su iz sviju krajeva varoši i mahala sišle.

Polako i umorno je išla. Daleko ispred nje igrali su i vili se čočeci, praćeni, opkoljavani gomilom dece. Ali Sofka je znala kako niko ne gleda u te čočeke, nego svi odmah ovamo, pravo na nju upiru poglede i, propinjući se iz daleka, trude se da je što bolje vide, i da sve na njoj do sitnica zapaze. Svi hoće da vide da li je zaista onako lepa, onako obučena i okićena kako se mislilo. I zato Sofka, pored svega što je znala da ne treba da se žuri, da treba polako da ide, ipak, i protiv svoje volje, poče da ide brzo, gotovo je devera ona vodila a ne on nju. A što se više približavala kraju ulice, prilazila samoj crkvi, sveta, gužve sve je više bivalo, sve se više oko nje stešnjavalo, crnelo. Uz to se još zvona sa crkve počeše mešati sa svirkom, hukom, te joj poče sve teže bivati. A pored ove gužve i tišme ispred nje, dosađivala joj još i ona svatovska huka iza nje. Znala je da to za njom idu njeni: tetke, strine, a iza ovih njihni muževi, svi u dugim čohanim kolijama a plitkim cipelama, kratkih nogavica od čakšira, da bi im se oko članaka videle njihne, hadžijske, bele čarape. I svi oni, njeni, zajedno jedno uz drugo, da se time kao odvoje od ostalih svatova, osobito od svekrovih, od onih seljaka na konjima. A iza sviju ide on, svekar joj. Radosno se on na alatu, u novom sedlu, isprsuje i hoće sve ispred sebe da gleda: i čočeke, i nju, Sofku, kako se spram sunca a u oblaku od svile i zlata svetluca, a opet ne može da se nasluša svirača, koji, kao poslednji, moraju oko njega da idu, moraju silno da sviraju i pevaju, da bi mogli čak i čočeci tamo ispred Sofke da ih čuju i po taktu da igraju. Odmah uz njega njegov verni Alil. On, onako u čalmi, suv, ide s alatom nogu uz nogu svirajući u grnetu. Marko, od radosti, svaki čas mu lepi dukate po čelu i čalmi. Ovi njeni, hadžije, okreću se neki zlobno, drugi s podsmehom, gunđaju međ sobom: „seljak", „kerpič" ali ipak zato svi ga glasno pitaju:

— Svekre, na ćev li si?

— Kako da ne, kako da ne? — čuje Sofka kako im odgovara, i sigurno ponova Alilu lepi novac.

Ispred crkve od prosjaka, dece i zaludna sveta ne može da se priđe. Crkva, onako široka na stubovima, sa tremom oko sebe, starim krovom, starim direcima, nagorelim od mnogih sveća, patosana onim širokim ispucanim pločama i sa mračnim, na svod, gvozdenim prozorčićima, poređanim do ispod samog krova, izgledala je tako hladna, kao skamenjena. A još mrtvija joj dođe crkva kad uđe u portu, a ispred nje potrčaše popovi crneći se i šušteći u svojim mantijama, dugim kosama, zaudarajući onim njihnim mirisom na duvan, burmut i vosak.

Ali u samoj crkvi joj bi bolje. Valjda što ona vreva i svirka presta, a ona, odvedena pred dveri, osta sasvim sama. Tada prvi put u životu, tako pred dverima, u sredini crkve, oseti ona celu crkvu oko sebe, svu njenu širinu, visinu, osobito njene visoke svodove kao čak u nebo, sa počađavelim tamnim slikama, sve iz Strašnoga Suda. Ovamo ispred nje, do samog lica joj, izdizao se visok ikonostas, okićen poređanim kandilima i ispunjen ikonama. To su bile sigurno one najvažnije sa najvećom moći isceljenja i čudotvorstva. I dokle ju je iz ikonostasa, ramova od slika i drvoreza čisto gušio miris na crvotočinu, buđu, tamjan i pokapane sveće, dotle ju je opet iza nje onaj prostran pod, patosan pločama i sa vlažnom, trulom prašinom, hladno obuhvatao i punio jezom. Sunca, svetlosti ni od kuda nije bilo. Jedino iz oltara, iznad časne trpeze bio je veliki okrugao otvor i kroz njega je silno u snopovima prodirala svetlost. A izgledalo je da je to navlaš tako udešeno, da bi pojanje, služenje službe ovamo što svečanije, što jasnije i potresenije bivalo. Sofka prvi put u životu vide jasno ispred sebe, kroz dveri, časnu trpezu i onu mrtvu, tako hladnu, tako staru razvijenu plaščanicu, i oko nje poređane putire, krstove, čirake sa upaljenim svećama. Iza sebe slušala je kako se svatovi kreću, premeštaju s noge na nogu, čekajući a ne smejući ni da kašlju, ni da slobodno dišu. „Njeni" s jedne strane, poređani u stolove, a „njegovi", svekrovi, s druge strane, zbijeni, i tamo čak do samoga ulaza. Poče osećati kako je bole noge, osobito listovi, valjda od toga nemog, ukočenog stajanja.

U ruke joj ugurasše upaljene kumovske sveće i do nje, tako isto pred dveri, takođe sa upaljenim svećama, dovedoše njega, mladoženju. Ispod očiju, kroz krajeve očne, ona ga poče gledati. Posle ispita sada prvi put ga vide celog. Isto onako mali, sa već širokim prsima i razvijenim vilicama i podbratkom, ali ramenima i ručnim kostima još detinjim. Osobito mu je bila sniska, do kože ošišana detinja kosa iznad ispupčena čela. Ma da je imao najskuplje čohane čakšire i svilene pojaseve, ipak, videlo se da se u njima gubi. Ni kukovi, ni kolena mu se ne vide. Džepovi sa kolutima gajtana sasvim se izgubili u trbuh i u pojas, i jedva su mu virili.

Ali ispred njih, u oltaru, poče već da se širi tamjan i začuše se praporci na kadionici. Na donja uska vrata do pevnice iziđe klisar noseći nalonj i venčane, iskićene, srebrne krune. Na to se ču žagor svatova, koji sigurno nagrnuše tamo oko postavljenog nalonja.

I onda odjednom i to tako iznenada da Sofku čisto u čelo udari, te joj glava klonu, otvoriše se dveri sa sveštenikom u zlatnoj odeždi, koji, čisto uživajući u toj zaprepašćenosti, silno, glasno zapeva:

Mirom Gospodu pomolim sja!

I posle, kada je od dveri povedoše natrag sa mladoženjom, ona je kroz trepavice samo u njega gledala. Samo je njega osećala, kako joj dopire do ispod pazuha. I nikako nije mogla kolena da mu sagleda, tako je on sitno išao pored nje.

Služio sam prota i svi sveštenici i đakoni pa i klisari sa grobljanske crkve. Svi su oni bili tu, jer se već načulo ko je on, taj njen svekar, gazda Marko, i kako će sada sam dukat padati. I zato, da bi što više kao opravdali taj silan novac što će od njega dobiti, nije se smelo sa venčanjem brzo svršiti. Morala da bude prava, istinska služba, bez skraćivanja. Sofka ču kako otpočeše njeni, poređani tamo u stolove, da odgovaraju na jektenija. To je bilo njihno, njihne kuće i familije kao pravo, odličje.

Ali ovamo oko nje sveće su sve više gorele, i od njih sve je gušći zadah bivao, a sama je ona sve više okruživana i potiskivana od svatova. Osobito se propinjali njeni: tetke, strine, koje su jednako, ne toliko u nju, koliko u njega, mladoženju gledale i piljile, dobro motreći, kako ga Sofka drži za ruku, kako se muči da mu malu detinju ruku zadrži u svojoj. I to držanje mladoženjine ruke bilo je za nju najteže. Osećala je kako njegovi ukočeni, uplašeni prsti samo leže u njenoj ruci, te ona mora jako da ih steže, da bi ih mogla držati. Srećom bili su preko njihnih ruku prebačeni darovi, basme i svile, te se nije moglo videti njeno neprekidno upinjanje: čim oseti kako od njegovih prstiju sve po jedan manje i manje ostaje u njenoj ruci, dok ne ostane samo jedan, ona onda mora ponova celu njegovu šaku da hvata.

Jedini kao da se tome dosećao svekar Marko, jer ga je videla kako se on sve više i jače probija izmeđ svatova i izdiže se na prste, da bi ga ona videla i time je kao ohrabrio. Ali što se više oduživalo venčanje, molitve, pevanje, oko njih sve zagušljivije bivalo, mladoženja se sve više umarao. Sve mu se jače znojila ona ruka u njenoj. Sofka je osećala kako sve mučnije, sve teže, jedva zadržava njegovu oznojenu ruku. Odjednom učini joj se kako ne može više, jer mu toliko klize prsti iz sada i njene već oznojene ruke, da će još pre svršenog venčanja morati da mu ispusti ruku, i razdvoje se. I eto, sad će se njoj desiti ono što se ni jednoj pri venčanju nije dogodilo: da se sve pokvari, jer tim razdvajanjem ruku, padanjem svatovskih darova između njih na pod, prekida se bračna veza. Oseti kako joj od straha i užasa poče crkva da se vrti.

Ne znajući već šta će, odjednom podiže glavu i pogleda svekra tako očajnički, da se ovaj prenerazi i zanese od straha. Pomisli da je ona uzalud sebe mučila i gonila, ali sada, pred svršetak, kada će da se zaključi bračna veza, ne može da izdrži, hoće da odustane od ovakve svoje neprilike, ovakog muža, zato ga sada tako očajno gleda, moleći za oproštaj, što će ga eto obrukati, osramotiti. Ali Sofka mu mimikom odreče da nije to čega se boji, već pokaza svoje rame i ispruženu ruku. On, sav srećan što nije ono, doseti se. I Sofki on dođe tako drag i mio što pozna de da ju je razumeo, jer vide kako on brzo pozva crkvenjaka i šanu mu nešto. Crkvenjak proti, prota, davši sveštenicima znak, odmah otpoče:

Isaije, likuj!

Sofka upijajući nokte u mladoženjine prste, da bi ih održala u svojoj ruci, izdrža u obilaženju oko nalonja i jedva dočeka da iziđe iz crkve.

Ne žaleći što vide kako se njeni sa svojim sviračima odvojiše i odoše, ona čisto odahnu, kad poče savijati i silaziti drugim delom čaršije, ka mladoženjinoj kući. Dakle prođe i to što je bilo najgore, najteže za nju, to izlaganje pred svetom u crkvi, na dogled, podsmeh svih.

I što je još više ohrabri, to je što oseti kako Marko sada ide odmah iza nje. Sjahavši s konja i smatrajući za dužnost da on sada ima da je oko nje, da je on vodi, išao je peške odmah iza nje, šireći oko sebe laktove i kao braneći je, da je drugi ne potiskuju. I to nju čisto tronu. Okrenu se i sa osmehom mu zablagodari. On, potresen, razdragan, samo promuca, hrabreći je:

— Ne boj mi se, Sofke! Ne boj mi se, kćeri... Tata će sve...

Čaršija, kojom su silazili, sve se više ispred njih širila I gubila, pošto se tu i završavala. Ma da je ovde iz svih ulica kuljao svet, da ih vidi, ipak nije se gušilo, nije bilo tišme. Kao svaki kraj varoši sve je bilo prostrano, razbacano. Iz sredine same čaršije jasno se naziralo kako po ulicama, iza kuća, štrče plastovi sena, slame. Gore, u vazduhu, kao neke grdne tice vezane užetom za svoje dugačke vratove, crneli su se đermovi od prostih, tek skoro iskopanih bunara. U vazduhu, pored svežine, onolike prostornosti, osećao se onaj vonj od balega, đubrišta, pomešan sa mirisom na presno: na mleko, sirove, i plastove suve kudelje.

XX

Ispred mladoženjine kapije Sofka oseti kako joj ništa ne bi neobično. Još manje da joj bi onako teško i strašno kako se bojala. Čak joj se ne učini neobična ni sama kapija. Bila je to velika, teška i jaka kao grad. Više je sigurno koštala nego sama kuća, koju ona poče kroz kapiju da nazire onamo, u kraju, i preko onolikog dugačkog dvorišta.

Još manje je neprijatno dirnu, niti se strese, kako se bojala, kada ispred kapije vide svekrvu i poljubi je u ruku, a na svojim obrazima oseti njene usne, hladne, uzdrhtale, a posute već belim maljama. Čak naprotiv bi joj milo kad vide kako se svekrva, obučena u novo, varoški a opažalo se da je silom, jer je sve na njoj bilo tako široko i zgužvano — od nje toliko uplaši i unezveri, valjda zbog njene lepote i nakićenosti, da nije mogla reč da kaže. Sofka, da bi je ohrabrila, ponovo je u ruku poljubi, na šta ova od sreće, zahvalnosti, promuca:

— Hvala *vi!* — I od radosti poče rukavom od košulje, seljački, sasvim zaboravljajući se, da briše suze. I po tome „vi" a ne „ti kćeri, čedo" Sofka vide koliko se ona nje plašila. Ne da je samo strepila, nego je bila sigurna da će Sofka, kad dođe i vidi je ovako prostu, uvučenu, suvu, čisto prokleti sudbu što joj dosudila da takvu svekrvu ima. A sad, ne samo da to ne bi, nego evo Sofka sada nju i dva puta i to pred svima, naočigled sviju, poljubi u ruku, i to tako usrdno, od srca, da ova, ohrabrujući se, srećna, poče da se oslobođava i da Sofki zahvaljuje mucajući:

— Hvala, čedo, hvala, kćeri!...

I onda se sasvim privi uza Sofku. I držeći je za ruku, ne kao svekrva, starija od nje, nego kao sestra, nikako Sofku nije ispuštala.

Svatovi na to, svi srećni, zagrajaše:

— Ja, svekrva, ja, svekrva, već ne pušta snaju!

Marko i sam razdragan time, hoteći da je uplaši, poče da je dira i kao oturuje od Sofke.

— Ja, šta ćeš ti, mori, ovde? Ajde tamo...

— Nemoj, Marko! — sva srećna, videći da se on šali, uzviknu ona i još više se privi uza Sofku, hoteći time da je i ona, onako slaba i uska, kao brani i štiti od navale svatova, koji, zbijeni na kapiji, počeše da se tiskaju, guše, jer, niko pre nje nije smeo da uđe. A iznad Sofke na pragu bilo je namešteno korito sa vodom, koje, po običaju, Sofka ne sme da prekorači, dogod svekar ne baci u njega dar, novac, i ne obeća koji će deo od imanja, koje parče njive, koji dućan biti snajin, i od koje će kirije, zakupnine, novac biti njen, za njenu ličnu upotrebu i svojinu. I zato počeše da viču, nestrpljivi, što se ne može ući:

— Svekre! Šta daješ, svekre, za snaju?

— Sve, sve... — poče on.

— Ne sve, nego: šta i koliko?

Ama sve!

— Zar i hanove? — kao kušajući ga pitaju neki.

— I hanove, i sve! — pa se okrenu i viknu ženi: — Idi, mori!

— Šta?

— Idi i donesi „ono" — i pokaza joj glavom na kuću, na malo sopče u kome su zaključani u kovčegu ćemeri sa novcem. Ona ostavi Sofku i potrča. Ali ispred nje već istrča Arsa. Znao je da će se ona tamo oko otvaranja sanduka zbuniti i zadocniti, zato istrča ispred nje i uze od nje ključić. I zaista, dok ona stiže do kuće, on već otuda iznese jedan ćemer. I onako presamićenog, crnog predade joj ga. Ona ga odnese Marku. Marko, nestrpljivo, da se jednom već svrši, zubima iskida kožu i, nagnut nad koritom, sa uzdignutim ćemerom više glave, da svi vide, da se svi zgranjavaju, poče iz njega sipati novac u korito. Počeše tupo šušteći i sekući vodu da se prelivaju stare medžedije, duble, i meke ćošalije, već zarđale, poluzelene.

— Na, na! Sve!... — sipao je Marko i čisto brektao od sreće, zadovoljstva zbog tolikih ubezeknutih, začuđenih uzvika na ovoliko zlato, koje u koritu, iz vode, spram svetlosti poče da se preliva, zasenjuje i, kao neki živ oganj, da gori i blešti.

Zatim jednako brekćući od sreće, nikako ne mogući da se nagleda nje, Sofke, a jednako je hrabreći: — „Ne boj mi se, Sofke! Ne boj mi se kćeri!" pruži joj ruku da prekorači korito i uđe. Sofka kroči i, vođena njime, pođe. Ispred njih išao je Arsa sa ispred sebe uzdignutim koritom. Iz korita su neprestano kao snop, žar, treptali zlatni zraci novca u vodi, po kojoj je plivao sparuškan i crn prazan ćemer.

Marko ju je vodio. I sam valjda osećajući da će kuća, naročito ona mala, jedino okrečena sobica, na Sofku učiniti težak utisak, išao je ispred nje kao hoteći sobom da zakloni kuću. Išao je poklecujući jednom nogom i naslanjajući se sav na nju, da, ako Sofka posrne, on, tako poduprt, može odmah da je zadrži, digne. I što god je bliže kući dovodio, Sofka je osećala kako je sve uzbuđeniji. Čisto ne veruje svemu ovome, osobito njoj, Sofki, da je zaista sada ovo ona, da zaista on nju ovamo kod sebe, u svoju kuću uvodi. Očima je gutao, i jednako izvinjavajući joj se, hrabrio:

— Ne boj mi se, Sofke, ne boj mi se, kćeri!

I kad je dovede do same kuće, praga kujnskog, on je onda predade ženama, da one tamo u kujni još neke običaje posvršavaju, a on, odahnuvši od silnog tereta briga, poče da brekće, odmara se. Ali ne mogući da čeka, dok se u kujni običaj sa Sofkom svrši, pa da bi i on mogao ući, poče da viče:

— Ajde, žene! Dosta, ne vračajte mnogo! Jer, kose ću da vam počupam.

Od radosti baci šubaru, svuče kratku čohanu koliju i sa srećnim, obrijanim i svetlim licem sa podbratkom i ustima, koja su mu igrala od radosti, osta samo u svilenom mintanu. Svež, jak, sa novom raskopčanom ogrlicom oko vrata u novim čohanim čakširama. I kada Sofka iz kujne iziđe i uđe u ono sopče, da se tamo kao odmori, on se brzo seti i zavrćući rukave pojuri u kujnu kod aščike.

— Daj, da okusi štogod.

— Ko? — pogleda ga u čudu aščika.

— Sofka! Zar dete da ne jede ništa, da mi je gladno.

— Posle će ona! — uvređena što joj se u njen posao meša, odbi ga aščika. — Znam ja, posle će ona. Sa deverom zajedno da jede, kad gosti budu jeli...

— Kako posle? Zar dete da je gladno, pa da ne jede — preseče je Marko tako da ova umuče.

I sam on u tanjiru najlepše delove od pečenja odnese Sofki.

Otuda od Sofke rastera sve žene, osobito one iz Turske, koje sigurno sada prvi i poslednji put dolaze u varoš, a koje se bile načetile oko nje i uvukle sa njom, da se, i u onako malom sopčetu, nije moglo ni da pomakne. A od cele svoje rodbine, od tolikih žena, izabra jednu, najmlađu.

— Ti, Milenijo! Samo ti da si tu sa Sofkom i da je dvoriš. A ti, Sofke, što god zaželiš, samo njoj kaži. A ove druge nemoj da puštate. Šta da vas prljaju i da se samo tu vuku. Tamo neka su. Eno im svadba, dvorište, ora... A za onu, svekrvu, za nju, Sofke, nemoj ni da pitaš. Još manje što od nje da očekuješ. Sada od nje ni sam Bog neće znati šta da radi. Ona je i onako brljiva, pa još sada.

Milenija, sva srećna a i uplašena da „snaška" njome neće biti zadovoljna, jer možda je ona neće znati dobro uslužiti, gotovo kleče do Sofkinih nogu i, pošto dva i više puta i to pred samom Sofkom opra ruke, da bi je uverila kako su joj čiste, poče je služiti i nuditi onim pečenjem što Marko donese.

— Uzmi, snaškice, uzmi, okusi...

Od silne sreće što je njoj ovo u deo palo a ne mogući da se nagleda Sofke, njene lepote, odela, onolikog zlata, svile, ona je sa strahom, jedva primetno dodirivala koji kraj, vrh od Sofkinih haljina, i topeći se od sreće, kad vide kako Sofka uzima i jede, zahvaljivala joj je:

— Hvala, snaškice! Okusi, uzmi još!

I Sofka je, njoj u hatar, uzimala i jela. Ali, više je pila nego jela. Iz velike, od pola litre čaše od starinskog jedva opranog i oribanog toliko debelog stakla, ona je žedno pila vino pomešano sa vodom. Milenija videći kako Sofki to godi — a ne, kako su se oni bojali, da će biti gorda — do suza tronuta na tu Sofkinu ljubav ponova bi je nudila:

— Hvala, snaškice, hvala... Uzmi, uzmi još.

— I klečeći do Sofke držala je na prstima uzdignute ruke tu veliku čašu do samih Sofkinih usta, da ona, pošto pojede zalogaj, samo otvori usta, dakle da nema ništa da se trudi, ni saginje.

I Sofka oseti kako još nikada u životu nije videla ovako suncem opaljeno i otvrdlo ali toliko nežno lice, kao sada u te Milenije. I to je bilo toliko naivno, ropsko i srećno, puno blagodarnosti, što se daje i njemu da živi. Od njenog odela, prostog, ali novog, jake fute i debele joj košulje na prsima, zapahivao je miris na lan, konoplje i na one visoke planinske trave. A opet, baš ispod te njene krute košulje, ispod njene opečene suncem glave i iza nažuljenih joj i žutih ruku, pomaljala se i belela kao mlekom nalivena tako nežna i slaba njena snaga.

Kroz prozore toga sopčeta vide Sofka kako na bunaru poje konje njihni svatovi, seljaci. I kao ova Milenija kod nje, tako i oni tamo, svi su bili u grubim i novim kolijama, čije su im uzdignute krute jake, a opšivene modrim širitima, dopirale čak do vrha ušiju i činile da im se jače vide njihove oštre glave, a sada za svadbu navlaš kratko, čisto ošišane, i to ne glatko, podjednako, nego kako gde, kao na basamake. I svi sa velikim, zimskim šubarama, u kratkim čakširama, sigurno krojenim i šivenim kada su se oni ženili, i zato su im jedva do kukova dopirale. Ali zato opet od kukova do pazuha svi u kožnim, bogatim, izreckanim i okićenim silavima, sa jataganima, raznim kratkim puškama, noževima, i oko sebe obešenim kamdžijama. I svi, ne mnogo razvijeni, većinom mali, kratki. A ko je opet od njih bio razvijen, taj je bio i suviše, suviše dugačak i krupan. Takvi su im bili i konji, koje su pojili ispred bunara. Zdepasti, ali tankih nogu i, za čudo, čisto kao čovečijih, tako okruglih, pametnih očiju a suviše dugačkih i gustih griva i repova. Sofka je videla kako ih oni ne poje kao drugi. Dovodeći ih do kamenog korita bunarskog oni, kao da to nisu konji već ljudi, pokazujući im na korito, govorili bi svakome:

— Pij, bre!

I pošto ovaj, dugo pijući i roneći u korito, podigne glavu mljeskajući masnim brnjicama, iz kojih s obe strane cure mlazevi vode, i počne gledati gazdu svojim zasićenim očima, ovaj bi mu onda, zabacujući uzdu više glave o unkaš, govorio:

— E, sad idi! — I zaista konj bi na jednu stranu odlazio dole, u štalu, a on gore, iza kuće, pod venjake, međ ostale goste. Iako je vrelina, sunce tek što ne prži, svi oni, tako stegnuti, pretrpani tim kolijama, sa tim silavima, čizmama, ipak se ne raskomoćuju, jer to je sve za njih znak gospodstva. Sofka vide kako za njima ovamo ispred nje počeše da promiču sluge sa velikim novim bakračima pića, i to punim do vrha, a bez čaša, stakleta, nego sa velikim zemljanim buklijama, kojima će tamo zahvatati i služiti ih. Otuda, ispod hladnjaka, poče ovamo da dopire silan žagor, ne razgovor, smeh, zdravice, nego kao neko ratničko halakanje, nadvikivanje:

— A, dedo! Nazdravi, dedo! Zdrav si mi! — Živ si mi! — Aha!

A sa tim halakanjem, usklicima nastaje sve veći šum, kretanje, zveckanje mamuza, jatagana, krckanje novih silava, tako da se Sofki ne tek poče nego sasvim učini sve ovo kao logor. I oni, i ova kuća, i ove njihove žene, onako u svojim krutim futama, još krućim i čak do peta dugačkim novim košuljama, a opet svaka sa oko pasa obešenim nožićima, lancima; pa onda one njihove ispred kuće i po motkama prebačene bisage, uzde, uzengije, a dole onaj veliki oganj, oko koga su se okretala i cvrčala čitava telad sve joj se to učini kao neki logor, kao neko odmorište, gde se oni sad svi sa njom, svojim plenom, zaustavili, da se odmore, pa opet nekud, daleko, neznano kud krenu se i pođu... I učini joj se, čisto kao u pričama i pesmama, kao da je ona neka čuvena lepotica, pa odvedena u kulu i tamo skrivena. A ovi Markovi, danju plandujući i krijući se, a noću sklanjajući se od mesečine i vedrine, dugo putujući, pronašli je, i pošto kulu osvojili, porušili, nju ugrabili i sada sa njom eto ovde stali, da se odmore. Zato tamo ispod hladnjaka niko sada i ne sedi, ne raskomoćuje se, već svi, onako naoružani, u silavima, čizmama i stojeći, piju, jedu. A to joj se još više pričini, kad posle, od pića kao malo oslobodivši se, počeše ovamo oko njene sobe da se kupe, da bi nju što više mogli gledati. I Sofka poče jasno da razabira kako, čim Milenija od nje izađe, nju ispred vrata svi opkoljavaju i mole je.

— Milenija, Milenija. Ne zatvaraj sasvim vrata, mori. Ostavi ih malo, da bi mogli da gledamo našu snaškicu...

A Milenija, u inat, ispred nosa im svom snagom zatvara vrata, grdeći ih:

— Hajd! Ne dosađujete!

XXI

I na sreću svoju, Sofka poče osećati kako je sve čisto draži i biva joj prijatno. Oseti kako bi i ona rado jela ta njihova jela, osobito one njihne pogače, zastruge sira, a ne ovo što su za nju brižljivo kuvali i Milenija joj donosila.

Otuda, ispod hladnjaka, što god je dan više odlazio, svet se sa okolnih zidova sklanjao a oni sve više ostajali sami, sve jače, sve bešnje počinju da preovlađuju samo njihne selačke svirke i pesme. Sve bešnji bat nogu od njihnih teških, jakih igara, jednoliko, u širokim skokovima cup- kanje i silno udaranje pete o petu speknutih čizama sa mamuzama; onda zveckanje na ženskinjama od teških i dugačkih do ispod pojasa niza od posrebljenog starinskog novca; jak šum od lomljenja u okretanju njihnih krutih i jakih sukanja. A iznad svega toga ono njihno natpevanje između muških i ženskih, naizmence. I to ponavljanje istoga stiha sa zapušenim jednim uvom, da bi im glasovi bili što silniji, jači, kao da su u selu, u planini, gde treba čak preko brda glas pesme da dopre i razgovetno se čuje. I što je noć bivala jača, oni su postajali sve slobodniji, silniji. Sigurno, sasvim opivši se i oslobodivši se, počeše ovamo i kod nje da dolaze i ne pitajući da li je slobodno. I to prvo starci, dede, koji zbog svoga starešinstva kao najviše prava imaju, pa onda mlađi, Isprva su dolazili pojedince, kao da joj se predstave, rukuju se i daruju je, a posle u grupama jednako jedan za drugim, da uskoro vrata od sopčeta ostaše sasvim otvorena. Ali svi joj ipak prilaze sa nekim strahom, znajući da joj time dosađuju. Ali, videlo se da najviše strepe od Marka, svoga „bate", jer dolazeći jednako su se uplašeno obzirali da ih on možda otuda iz dvorišta, ispod hladnjaka, ne vidi. Na njihovu sreću on se beše u početku tamo zaneo, pijući i zdraveći za trpezom. Ali, kada ovi kod Sofke počeše u grupama da dolaze i zbog toga tamo trpeza ostade gotovo prazna, on se tek tada doseti, i Sofka zaista ču kako on iz straha da se ovi nisu sasvim kod nje obezobrazili i obrukali ga, viknu zaustavljajući:

— A bre, ne tamo!

Na to svi ovamo ispred Sofke pobegoše uplašeno prošaptavši:

— Bata se ljuti!

Ali tada se Sofka diže i sama učini ono što je osećala da treba da učini. Sama pođe k njima. Već je bio prvi mrak. Uza stranu kuće o sniskoj streji i direcima bile su obešene i poređane lampe, da bi se videlo ići tamo, njima, pod hladnjak. Tamo opet, okačeni o hladnjak, lelujali su se dugački gvozdeni fenjeri, sa svojim teškim, masivnim, crnim i zarđalim dnom, koje, kada bi fenjeri odozgo pali, čisto bi probilo trpezu. Ispod hladnjaka ležali su izvaljeni na jastucima ili sedlima. Dole u kraj zida bili su prekrštenih nogu i u red poređani svirači, zurlaši, bubnjari; a sproću njih, ovamo do kućneg zida, klečale su žene, već zasićene jelom i pićem.

Kada Sofku ugledaše gde k njima dolazi, svi, i najpijaniji, kao zastidivši se, zadržaše čaše u ruci, a žene poustajaše uplašene. Ali ona vide kako se Marko brzo diže i, da bi je sprečio da ovamo, k njima, pod hladnjak ne ulazi, potrča k njoj. Videlo se kako mu se od straha kolena u čizmama klate, kako mu se pojasi usled sedenja zbrčkali, te mu cela prsa, trbuh izišao. I zaprepašćeno i uplašeno, da niko ne čuje, čisto poče da je potiskuje uzdignutim rukama.

— Ne, kćeri, ne, Sofke. Ne ovamo. Prosti su, pijani su.

— Ako, ako, tato!

— Ne, ne... šta ćeš ti? Nemoj ti ovamo. Nisi ti za ovamo...

Ali Sofka ne dade.

— Hoću, hoću tamo... Zašto? Hoću ja! — i sva srećna, jer zna koliko ga time iznenađuje, smešeći se, poče da mu se unosi u lice.

— Hoćeš i voliš? — Marko poče da se nadnosi nad nju i da razrogačuje oči, upinjući se da iz Sofkina lica dozna, uveri se, da li je to u istini: da ona njega, njegove, voli i zato sada hoće i ona da je sa njima, a da to nije tek reda radi.

Sofka vide to i da bi ga odjednom presekla, sasvim razuverila, kao uvređena tom njegovom sumnjom, poče čisto plačno da ga kori.

— Zašta, tato, za kakvu me ti držiš? Zar da ne volim, zar bih ja ovamo i dolazila i udavala se.

— Ne, kćeri! — i sasvim uveren da ih zaista ona voli, od neizmerne radosti, Marko se okrenu njima tamo, za trpezom, svima, a najviše najstarijem u čelu sofre, starom i gotovo slepom deda-Mitru:

— Deda-Mitre, i vi svi, bre, spremajte dar, jer evo snaška „vašega bate" ide da vas dvori!

Svi oni na to, što eto ona, Sofka, kao svaka seljanka, dolazi da ih dvori, od radosti, sreće, podignuvši se, čisto ničke klanjajući se ispred nje, dočekaše je. Žene, sve zaradovane, i tim Sofkinim dolaskom sasvim oslobođene, počeše da se okupljuju oko nje. Počeše da joj pomažu u „dvorenju" koje se sastajalo u tome da svakoga, pre no što mu pruži čašu, bukliju, poljubi u ruku, zatim da, stojeći ispred njega, čeka dok popije, i pošto ga ponova poljubi u ruku, uzima od njega, da nasluži drugom. Dvoreći sve i ljubeći u ruku, Sofka je osećala kako joj usta dodiruju njihne tvrde čvornovate ruke; kako je njihni brkovi, brade, kose dodiruju po licu, i kako je kroz njene šalvare, jeleke od svile čisto bodu krute, dlakaste haljine njihne. Žene, sasvim oslobođene, počeše Sofku iz početka bojažljivo, posle sasvim slobodno gladiti rukama po plećima, ramenima i njenim razvijenim kukovima, naslađujući se njihnom oblinom...

XXII

A sama je bila kriva. Znala je da ne treba. Ali se posle i sama kao zagrejala, zaboravila, jer, izmešana sa njima, jednako dvoreći ih, osećala je: kako oni, zbog toga njenog silaženje međ njih, izjednačavanja sebe sa njima i tim oturivanjem svega što je imala hadžijskoga, varoškoga, bivaju sve slobodniji, srećniji. Ne znaju šta će od sreće. Onako stari, padaju pred njom i kao deca zahvaljuju joj na tom njenom silasku međ njih. Ispijaju iz njenih ruku najveće bokale na iskap. Sada su svi svoji. Svi su jednaki i onda mogu, kako oni znaju, da se vesele...

Zato su posle, ne strepeći da će to kome biti dosadno, jednako zahtevali od Cigana da im sviraju i pevaju jednu istu njihovu pesmu:

— Slavuj pile more, ne poj rano,

Ne budi mi, more, gospodara!

— Oh, ne poj rano!

I samo to, ništa više. Ali zato je onda to bilo tako silno; tako jako pištala, sekla zurla, bio bubanj, da su se sveće gasile, a oni, ne znajući šta će od besa, noževima i jataganima iz silava bacali se na Cigane i sekli im bubnjeve. Žene su bežale od njih a sve se oko nje, Sofke, i kao iza nje krile, sklanjale, znajući da niko ne sme ovamo da se baci. Svekar joj, Marko, nikako kao ne mogući da veruje da je zaista ona, Sofka, sada srećna, nije mogao da je se nagleda, kako ona zajapurena a predano, od srca, svakoga od njih dvori i slobodno se bez stida, kao kod svoje kuće, kreće. Pušta da joj se pri sagibanju sve, i pleća, i kukovi, ocrtavaju, da joj se teška kosa u gustim kurjucima na vratu zavaljuje, te da se ispod njih sasvim jasno pomalja svež i ružičast, kao naliven vrat. A taj njen vrat njega, Marka, čisto u teme, u mozak bije i seče. I ne mogući više izdržati da je gleda kako dvori, sve služi, i da se ne bi umorila, posadi je do sebe. Sofka, sedeći do njega, sasvim se oslanjajući laktom o njegovo koleno, ne dade da se primeti kako se umorila, već, na zavist svima, a u najveću počast njemu, svome svekru, tati, poče samo njega da dvori. Oslanjajući se o njegovo koleno izdizala se, da bi onom drugom rukom, zanoseći je oko njega i kao obgrljavajući ga, mogla do samih mu usta čašu prinositi. To je dočekivano od svih krikom i urnebesom. Cigani do neba izvijali su zurlama. Marko im je bacao čitavu kesu novaca. Odjednom on đipi i pozva je.

— Sofke, čedo, hajde...

Nije znala kuda će s njom, ali ipak pođe. Vide kako on ispred nje, čisto se poturujući, ide, a ispod temena beli se njegov kratak, širok vrat. Ali kada vide kako se on uputi pravo njenom sopčetu, ona se sa osmehom doseti šta hoće. Sigurno će opet iz onih sanduka, gde su novci, kakav dar, kakva niza dukata. Zato Sofka, ne žureći se, pusti Marka ispred sebe. Prolazeći pored kujne ču kako i odande takođe dopire graja, sigurno od slugu. A pored toga, ma da su ga ostale sluge uplašeno zadržavale, zaustavljale, ispade pred nju Arsa.

— Snaške, i ja sam, i ja sam...

I dalje nije mogao. A ona je znala šta on hoće sa tim. Hoće sigurno da joj dâ na znanje da ona zna za njega, kako je on, njihov sluga, Arsa. Sofka smejući se, blago ga predusrete.

— Znam, znam, Arso. — I u tom stiže u sopče za Markom. Vide kako on iza vrata, gde je bio mrak, i gde su im stajali oni sanduci, ne rukama ili ključem, već teškom i okovanom potpeticom od čizme, sa mamuzom, gazi i skida katanac. Od besa, što ne može odmah da se katanac otkine, on ga izbi čizmama, zajedno sa bravom. I Sofka vide kako on, kad je oseti do sebe, i to ovako nasamo, u uglu sobe a još opkoljenu onim poređanim i naslaganim darovima, osobito uvijenom uza zid bračnom posteljom, sa onim crvenim, širokim jorganom, jastucima, čistim, belim, mirišljavim, ne može oči od nje da odvoji. Pokazujući na sanduk sa razbijenom bravom jedva govori:

— Eto, evo, sve, kćeri, sve je tvoje. Otvori, i uzmi. I sve... Ti ćeš od njega ključ imati. Ti šta hoćeš, kome hoćeš, kako hoćeš, čuvaj, daj, rasipaj... Sve je tvoje.

— Znam, znam, tato.

— Ali jedno samo, Sofke, Sofke. — I Sofka Oseti neki njegov drugi glas, u kome nije bilo: ni „kćeri", ni „čedo", već samo: Sofke. I to tako strasno, ludo, da se Sofki vrat, vratne žile od takvoga njegovoga glasa ukočiše i sva ona poče da trne. I zaista to bi, jer on, nadnoseći se nad nju, poče strašno da drhti i da muca:

— Sofke, Sofke, samo jedno. Istinu samo. I da bi je bolje u oči gledao, i što jasnije iz njih video da li će mu istinu kazati, uhvati je za rame. Ruka mu vrela utonu u njeno meko i oblo rame. I gušeći se poče da je moli:

— Kaži, kaži... Nije istina, nije istina da zaista, istinski, ti voliš sve nas.

I nju obuze neka vrsta ludila, lude razdraženosti, gledajući toliku njegovu ljubav. I ona, iz sažalenja, da ga umiri, uteši, jasno, raskalašno i kao predajući mu se, poče ga uveravati:

— Volim, volim, tato. Sve vas volim.

— Ama baš sve?

— Sve, kuću, tebe, a najviše tebe.

Ali tada klonu. Oseti kako iz one njegove ruke pojuri u nju i čisto je preseče tako jaka vrelina, i, sa njom, tako neko čudno, nikada do tada neosećano osećanje. Na užas oseti kako joj se ispod njegove ruke odjednom, silom, protiv njene volje, poče polovina da uvija, i prsa joj, kao živa, tako uzdrhtaše i poleteše. Ču samo kako Marko, čisto bežeći iz sobe od nje, tamo med svojima, sa nekom strašnom nasladom, slutnjom, nadom, kao lud viče i zapoveda:

— Kapiju, bre, zatvarajte, kapiju zamandaljujte, da niko, niko... Ah! Ah!

XXIII

I posle nastade najgore, najcrnje. Kako prve noći uđoše u onu veliku sobu, koja je svojom veličinom polovila kuću, nikako se više otuda nije izlazilo. Cigani se ređali. Morali jedni druge da odmenjuju. A „slatka" velika večera nikako da počne. Jednako su goreli i treštali ognjevi po kujni, ispred kuće, i oko kuće, i čak ovamo oko štala, gde je bila stoka i sa njom sasvim stari, babe i starci, koji nisu mogli da izdržavaju. Cele noći videlo se kako na te ognjeve padaju užeženi „vršnici", zaklapajući okrugle tepsije sa nepečenim pitama i raznim pečenjima. Sve su to bili „darovi", koje otuda, sobom, iz sela, svaka kuća ponela, da sada na toj slatkoj večeri prikažu. Piće se jednako u velikim kotlovima iz podruma dovlačilo i tu u kujni do zidova ređalo, ostavljalo, da bi bilo na domaku ruke, da se ne bi svaki čas u podrum silazilo. Tako su onda iz njih mogle i žene, koje su bile oko tih svojih peciva, krišom, koliko su htele, da piju. I zato je svuda oko tih ognjeva, čija je svetlost osobito noću toliko blještala da se i sam krov kućni prozirao, jednako bila graja, smeh, kikot i sve je bešnje, silnije bivalo. I sve to, ta tolika svetlost, sa tolikim ognjevima, praskanjem, blještanjem poče da je plaši. Kao da pod nogama ne oseća zemlju, odozgo nije zaklopljena kućnim krovom, dimnjakom, već kao da se sve to oko nje, zajedno s njom, kreće, ide, i sve veće biva. I još kada su počeli da pozivaju starce, koji su tamo iza kuće, poređani uza zidove ležali, odmarali se, da dođu ovamo u veliku sobu, za sofru, Sofki se učinilo da ih ne zovu, što bez njihovih zdravica i blagoslova ne mogu oni da otpočnu tu njihovu slatku, veliku večeru — zar je njima sada do jela — nego, kao da se ne može bez njih, tih staraca, bez njihna prisustva i odobrenja, otpočeti ono što oni misle sa njom da rade. I zato onda onoliki urnebes, graja, krici od veselja, kad i starci počeše da dolaze. Ulazili su u kolijama, pogureni, polako, sitna, duga, zborana lica. Ne mogući posle spavanja da se sasvim umiju, brisali se peškirima.

Sofka ih je tamo za sofrom dočekivala, ljubila u ruku i dvorila sa velikom čašom, koju su oni morali, pre no što u čelo sofre zasednu, svu na iskap da ispiju. Iz kujne već se unose ti „darovi", te njihne pečene pite, pečenja, gibanice, od kojih je silna mast curila. Pri unošenju svakog tog dara, na sav bi se glas kazivalo čiji je, od koga:

— Ovo je od deda-Mitrinih!... Ovo od ujka-Stošinih!... Ovo od baba-Staninih, tetka-Magdinih...

A međutim sve se više i kujna, sa onom silnom vatrom, vrelinom, i njihna ovamo velika soba spajala, sjedinjavala, i svi oni sve više bivali razgolićeni, sve su više haljina od sebe odbacivali. Kod žena već su se sasvim pomaljali iznad sukanja i futa trbusi, nadmeni od mnogog jela i pića; videla se njihna poluotvorena prsa, kod neke sparuškana a kod nekih još sveža, jedra, strasna. A kod sviju njih goli, oznojeni vratovi i podvaljci bili su obojeni raznim bojama od šamija i šalova, te su zbog toga još čudnije izgle- dale. Muški opet bili su sve razuzdaniji. Svi odavno bez silava, pojaseva i čizama, i golih, kosmatih prsiju, i izuvenih nogu. I što se više pilo, nazdravljalo, i tamo u kujni, oko kuće, i ovamo, u sobi, za trpezom, sve više su se međ sobom mešali, kao sjedinjavali. Nije se biralo ko će gde da sedne, gde da se izvali. Ni muž kod svoje žene, ni žena kod svoga muža, nego gde se našlo, gde se moglo. Ne osećali se bolovi od susednih laktova u prsima, od tuđih, ne muževljevih kolena međ skutovima. I sa užasom Sofka je gledala kako je sve to počelo da postaje, da se stapa u jedno. Svi muški pretvaraju se u jednog muškog, sve ženske takođe opet u jednu opštu žensku. Ni staro, ni mlado, žena, snaja, strina, ujna ili kakav rod. Samo se znalo za muško i za žensko, i onda jedna mešavina: stiskanje, štipanje, jurenje oko kuće i krkljanje. Toliko je to išlo, da je ona mala, pitoma Milenija, sigurno ne mogući više da izdrži tamo po dvorištu i po kutovima najezdu tolikih njih, koji su je jurili, pobegla otuda ovamo i počela da se krije oko Sofke i trpeze. A bila je sva izlomljena, izujedana, a opet sva srećna i obamrla od silne naslade. I javno, na sav glas, sklanjajući se iza Sofke, gotovo luda od sreće, cerekala se i molila Sofku:

— Ne daj me, snaškice! Ne daj me, slatka bila. Ne daj me, jer ovi me naši svu... — i pokazivala je na gotovo gola prsa i izgužvane fute i jeleke.

A na to niko da se postideo, pocrveneo, već su joj se svi smejali, osobito žene i to stare, sasvim u godinama, jer ona je bila najmlađa međ njima, pa zato sada mora najviše od muških i da „pati". Čisto razdragano, kao sećajući se, kad su one bile tako najmlađe u familiji, pa tako na ovim veselima, svadbama bivale od svih muških najviše jurene, milovane i ljubljene, na sav glas, razdragano, dirale su Mileniju:

— A Milenijo! Ah ti, mori, maznušo! Ti bajagi nećeš! Ti li?

A to je počelo Sofku da užasava, puni jezom i strahom, jer joj tada bi sasvim jasno da je ova svadba, ova njihova slatka večera u noći, i ono jednako traženje da je tamo kapija što više zatvorena, što jače zamandaljena, da bi oni ovamo bili odvojeniji, skriveniji — sve to kao neki njihov određeni, odavno očekivani dan i vreme. Pa ne samo da im je ovo sada kao prvi put što se tako izopijali i sasvim zaboravili, nego da je to njihov običaj na ovim njihovim svadbama. U tome se i sastojala njihova veselja. Jer jednako odvojeni od kuća i rastureni sa stokom po planinama, pašnjacima, te njihove svadbe bili su jedini dani, kada su se sastajali, viđali jedno drugog, pa čak i svoje žene. I onda, dobro nahranjeni, a već isušeni od silnih toliko uzdržavanih, radom ubijanih strasti, čežnje, tada bi sasvim padali, sasvim se zaboravljali ne mogući ništa razabrati, ništa razlikovati, ni rod, doba, godine. Otuda onda one neverovatne priče, glasovi o njima, „seljacima". Sofki tada bi jasno što nikad od Magde nije čula kakvu dobru reč o tamo njenim sinovima, snajama na selu; pa ona Magdina večita uzrečica, kada bi je pitali za te seljake: „More, manite ih, *seljaci*, šta drugo oni znaju". I onda ono u šta Sofka do tada nije mogla da veruje, ona priča o njihovom čuvenom čivčiji deda-Velji, za koga se pričalo da je sa svima snajama živeo. Tada Sofki bi jasno ono silno rađanje dece, ma da muževi veći deo života provedu na pečalbama, i ona onolika sličnost među njima. Svi, iz celoga sela, kao da su od jednoga oca, matere, od jedne kuće, a ne iz čitavoga kraja. I onda one jezovite priče, za koje se u varoši znalo, verovalo, ali se o njima ne vodilo računa: kako svi oni, seljaci, da bi što više radne snage imali, ženili svoje sinove još kao decu, uzimali za njih odrasle devojke, već dosta u godinama, sposobne za svaki rad. I to se radi od uvek, s kolena na koleno. Niko to ne smatra za uvredu, greh; ni docnije, kada sinovi porastu. Ništa to nije. Imaće i oni, sinovi, kad, imaće i oni svojih snaja...

I Sofka tada, na užas svoj, vide da je — ne čeka, ne da će možda to i s njom biti, nego da je to svršeno, to se već zna, jer eto počeše, kao čestitajući Marku, na Sofku padati masne zdravice, zadirkivanja i smeh...

XXIV

Treći dan, utorak, a Marko nikako ne pušta. Sam odlazi i zatvara kapiju. Teško onom ko spomene, a kamo li da se usudi poći. Ali nije se moglo više Počelo se već da izluđuje. Počeli da se međ sobom tuku i od besa sami sebi seku ruke, noge, tako da su morali, vučeni ženama, odlaziti kroz kapidžike čak i preskačući preko zidova.

Marko opet da izludi. Jednako brani, ne da, a kad primeti da je ko umakao, on sluge da pobije.

Sofka, ogrnuta kolijom, ležala je. Nije mogla više da dvori, nudi. Od umora jedva je oči držala otvorene. Bila je sva vrela. A od straha, jeze, čisto je kao neko ludilo poduzimalo. Jer, što su više gosti odlazili, ona i on, svekar, sve više su ostajali sami. I što je najgore, nije je bilo strah što ne zna šta će biti — znala je šta je čeka — nego stoga što sa sobom još nije bila na čisto: šta će ona činiti ako zaista svekar, Marko, na nju... Samo da nije ona Sofka, efendi-Mitina, ona bi već znala. Sigurno bi mogla da se otme od njega, i, makar sva izgrebana, sasvim gola, ona bi utekla. Ali šta će posle, kad je takvu vide na ulici, u čaršiji?... Jedva će se to dočekati, da joj se site. I zbog toga ne smejući, a ne znajući šta bi drugo, od straha, izvaljena do svekrovog mesta, uz trpezu, sva je cvokotala i grčila se. A najgore joj bi kada oseti kako u glasu Markovu — a on je tamo oko kuće vikao, psovao, pretio, što su svi otišli, osobito što je otišao stari deda Mitar, Arsa i Steva — u tom njegovom vajkanju, pretnji, zvuči i strah, strah, što su ga ostavili samog. Jer da su i oni tu, pošto su i oni to isto radili sa svojim snajama, I on bi sada, sasvim lako, sa svojom. A ovako, ostavili ga samog, i to ovde, u varoši, gde to nije običaj, ne zna se za to, ne sme da bude...

Ču ga kako se ovamo k njoj vraća. Diše toliko da se Sofki učini kako se cela soba kreće. Ona, ne mogući da ustane, da ga kao što treba dočeka, poče se izvinjavati:

— Ne mogu, tato, umorna sam.

— Sedi, sedi, čedo!

I sede do nje, ali podalje. To Sofku još više uplaši, jer vide kako ne može da sedi, kako prekrštenih nogu i sa podbočenim rukama o kolena, sav se nija i gleda oštro ispred sebe, gleda u trpezu, nedignutu, u proliveno vino, razbacane kosti, rasuto jelo, komađe hleba, izgužvane pokrovce, razbacane presavijane jastuke.

A tamo do vrata, u kujni, Cigani, mrtvi umorni, jedva drže zurle i dremaju. Napolju opet poče po treći put mrak da silazi, i sve ovo kao da se smirava, malaksava. I samo kamenje po dvorištu, vađeno konjskim kopitama, više ne prska i ne tandrče, već kako koji i gde u rupu zapao, tako zastao i uglavljen kao da se odmara. Momci, bunovni, neispavani, umivaju se na bunaru i pljuskaju. Dole iz štale samo se čuje kako šušti čupana u naramcima slama i seno i kako nošena sitno pada i veje putem. U kujni, sve kao svršeno, i mirno, tiho. I to tako strašno tiho i grubo. Veliki oganj, kao svršivši svoj posao, sve više je trnuo i pepelom se pokrivao. Jedino što se čuje hod po kujni, kloparanje papuča aščike i njen tihi šapat sa svekrvom. A baš taj šapat njega, Marka, toliko prenerazi.

— Sviri! — poskoči on uplašeno i viknu tako silno da cela kuća pretrnu.

I sama Sofka, zaboravivši se, podiže se i poče ga zaustavljati:

— Ne tato. Ne, tato.

Ali on je ne pogleda. Preko sofre, ukorak je preskočivši, pođe po kujni, sviračima. U tom svirač, držeći u jednoj ruci tromo grnetu, a drugom pritiskujući raspasan mintan, presavi se pred Markom i sanjivo, malaksalo, ali odlučno poče:

— Marko — ali se brzo trže i popravi — gazda Marko — ako smo i Cigani, i mi duše imamo. Ne može se više. Ne može se, i sam vidiš.

Marko, mesto da ga, kao drugi put, na takav odgovor udari, izbije, otera, čisto kao da ga poče moliti:

— Znam, vidim... Vidim, ali hoću, hoću, hoću! — i osećajući neku nasladu u tom „hoću", nadnese se nad Ciganima dižući ruke, kojima bi ga smoždio, samo da se ovaj opet usprotivi.

Opet poče svirka. Istina umorna, upinjući se, ali opet sa hukom i toplo. Opet poče kroz noć da treperi grneta. A tu svirku, huku, on, Marko, kao da je jedva čekao. Jer, na iznenađenje Sofkino, ne vrati se ovamo k njoj, nego ode pravo, ka prozoru sobnjem. I tamo, sproću nje, u kutu, gde je bio potpun mrak, čisto se skljoka. Sofka pretrnu, jer vide da je već došlo ono: da će joj sigurno sad ispovediti ljubav svoju. Zato je tamo u kut pao, da je u mraku, da se ne bi video kakav izgleda, kada joj počne o tome govoriti, a zato i traži da sada svirači sviraju, da od njihne huke i larme aščika i svekrva ne bi čule njegovu ispovest.

I ko zna, sigurno bi to bilo, da se u tom ne pojavi aščika. A po njenom licu, držanju, videlo se da se dugo i dugo rešavala, da je tek posle mnogog navaljivanja, molbe a možda čak i plača od strane svekrve, pristala da ovamo uđe. I videlo se da je zato tako ljuta, i na samu sebe, što eto mora čak i to da radi. A najviše je bila ljuta na njega, svekra, samog Marka. Ako baš oni, njegovi seljaci, to ne znaju, a ono bar on, koji je gazda, već toliko je u varoši, bar on treba da zna kakav je ovde red: da je već jednom vreme da mladenci idu u svoju sobu. I zato ona čim uđe čisto viknu:

— Hajde! — nemajući kad da čeka, stade do vrata žureći ih, i Marka i samu nju. — Hajde, hajde, de!

Sofka vide kako on otuda, iz ugla sobe, na ono njeno prvo „hajde" plećima polete napred, da i nju kao i svakoga otera, ali se seti da ona nije neka njegova, seljanka, pa da može raditi sa njome šta hoće, već da je varošanka. A najviše ga porazi kad spazi aščikinu golu ruku, podbočenu o kuk, sa zavrnutom košuljom, i to čistom, belom, te po tome on poznade da nije prala sudove, nego da je sada sigurno razastrla postelju mladencima.

— Hajde, hajde, svekre! Dosta je, vreme je... — Ohrabrenije na to njegovo ćutanje poče aščika da žuri.

A Sofka je znala kuda je poziva, šta znači to njeno „hajde", kuda je vodi, u kakav ponor... Vide kako joj aščika strogim pogledom poče da daje znak, da bar ona, Sofka, ne bude luda, bar ona zna šta sada treba da se radi i onda neka se sama diže, odlazi, kada on, svekar, seljak, ne zna i neće da zna... Sofka, cvokoćući i skupljajući odelo oko sebe, ma da je bila dobro obučena, diže se i pođe.

— Zbogom, tato! — priđe i poljubi ga u ruku. Oseti kako su mu ruke, prsti, sasvim hladni i teški. Izlazeći i prolazeći kujnu, ču ona za sobom aščikin još strožiji glas ovim Ciganima u kujni:

— Hajde i vi, bre...

I vide kako Cigani, srećni, vukući u brzini kolije i gunjeve po zemlji, projuriše pored nje i izgubiše se trčeći ka kapiji. Ali u tom ču se strašan Markov glas, koji se beše ustremio na aščiku:

— Đid ti! Šta ti?

Ali aščika kao da je bila spremna na to, jer ču se kako ga utišava:

— De, de... gazda-Marko, znam ja...

— Šta ti znaš, suruntijo varoška, šta ti, varoška!...

— Ako, ako, Marko. Sve ako, samo ti legni, ispavaj se.

Ali na to, kao odgovor, ču se samo lomljenje sigurno trpeze, prozora. I to tako strašno, da aščika, unezverena, izlete sa zaprepašćenim uzvikom: „Kuku", koje bi ugušeno još jačim prskanjem prozora, ne samo stakla nego i ćerčiva, gaženjem sudova po trpezi, a sve to praćeno njegovim gotovo ludim glasovima, rečima, psovkom, krkljanjem, koje je za svakoga bilo nerazumljivo, ali za Sofku ovamo, u sobici, koja beše od straha pala u postelju i pokrila se jorganom, sasvim jasno, razumljivo...

— Ah, ah, psu bre, krvniče bre, stari deda-Mitre! Ah majko, ah kurvo! Ah otac, ah proklet... Ah! Zar vi, bre...

A Sofka je znala da to znači: Zar vama sve dopuštano, vi sve činiste što htedoste; svoje sinove ženiste i izabraste snaje ne za njih već za sebe! — Eto i sam on, i njega je otac mladog ženio, pa ne možda, nego sigurno je ova njegova žena, sada svekrva, prvo sa ocem njegovim, svojim svekrom, živela! I ovaj sada njegov sin nije njegov sin, nego valjda brat. I svi oni, svi, kako su hteli, onako, kako su njihovi ocevi sa njihnim ženama, tako i oni sa ženama svojih sinova. A sada, samo njemu se ne da, samo on to ne sme!...

I ko zna dokle bi i kako — da se ne ču gde aščika u kujni svekrvi poče uplašeno govoriti:

— Snaške, ja više k njemu ne smem. Ti, ako hoćeš, idi, umiri ga, da legne, zaspi, da mladenci mogu... Ako ne, ja ne mogu ništa više.

— Idem! — Tako grobno ču se kako svekrva ubijeno i rešeno odgovori. I zaista, na iznenađenje i užas svih, ona uđe tamo k njemu.

Šta je tamo međ njima nastalo, kakav razgovor, nije se moglo čuti. Samo je Sofka ovamo, po Markovom iskrivljenom glasu, šištavom, šupljem, zapenušenom od besa, valjda i pene koja mu je bila iz usta, bila sigurna u to: da on sada svoju ženu muči, ispituje, da mu ona prizna, kako je zaista živela sa svojim svekrom, njegovim ocem, dok je on bio mali, dečko. I Sofka je osećala da od toga njenoga priznanja — i to ne da ona kaže, potvrdi nego da on to samo oseti u njenom glasu, zabuni, u kakvom uskliku — zavisi sve. To mu sa da treba, da bi mu to bio izgovor, da bi onda i on, kao u inat, kao sveteći se njoj, ženi, i svome pokojnom ocu, odmah ovamo kod nje, Sofke... A da je toga bilo, toga navaljivanja, mučenja, da mu ona prizna, videlo se i po tome što otuda počeše da dopiru zaprepašćeni uzvici, krici, svekrvini:

— Čoveče!... Čoveče! Ćuti, ubiće te Gospod!... Kuku! Zar svekar...! Zini, zemljo, da svi propadnemo! Kuku, šta doživeh! Kuku! Gospode Bože, Gospode!

Na to ču jedno strašno:

— Ja sam tvoj Gospod! — I tup, jak udarac. Onda malaksao, obeznanjen, pisak svekrvin.

Arsa, koji je pored svega straha ipak tamo virio i pazio, ču se kako viknu:

— Ubi gazda gazdaricu!

Sofka, ovamo u postelji, gotovo se obeznani, jer oseti da se nema više kuda, nema nade, spasa. Krv će leći, sve će pobiti, a ona će morati biti njegova... Ali je brzo osvesti i skameni šum ispred njene sobe. Do sobnjega praga čulo se kako se nešto valja, krklja. I zaista on je, on! I to ne što je slučajno pošao, pa se spotakao pored njene sobe, nego se namerno ovamo uputio, ali osećajući šta čini, sigurno od užasa sam nije mogao dalje. Više nije imao snage da pređe prag i uđe ovamo, kod nje, već tu pao. A otuda, iz one velike sobe, gde je svekrva sa okrvavljenom glavom ničice ležala, jednako se čulo njeno cviljenje, i to ne jako, nego tiho, bez nade, ubijeno:

— Kuku! Kuku! Lele, majčice moja! Lele, slatka kućo moja!

Ali to za njega ovamo, pred vratima, do samih Sofkinih nogu, više ništa nije bilo. Između njega i tamo te sobe, kuće, ženinog cviljenja iz- gleda da sve je bilo svršeno i propalo: ceo život, detinjstvo, otac, mati, naročito prokleti otac. Kosti mu se u zemlji prevrtale što ga, po običaju, mladog, još kao dete, oženio, kada ništa nije mogao znati, kao što nikada više neće ništa ni doznati ni osetiti! Jer evo, krkljajući i ležeći na pragu njene sobe, boreći se sa sobom, on kroz prste ruke, što mu je klempavo visila više glave i bila naslonjena na prag, kroz taj prag, kroz pukotine, kroz zemlju osećao je otuda iz sobe miris Sofkin tamo u postelji. Osećao čisto kako joj srce bije, kako njena zrela, strasna usta gore, i kako njena kosa, razastrta u postelji i sigurno opkoljavajući i obvijajući celo njeno telo, miriše, miriše...

I Sofka ču kako on krklja i valja se, upinje, napreže, da bar glavom, ramenima gurne u vrata, otvori ih i uđe k njoj. Ali ne može. Pada. Ruke, laktovi i kolena ga izdaju, jer ga ono ženino cviljenje kao neko uže oko vrata steže, ne da mu i ne pušta ga da se digne, pređe prag. A međutim da se opet vrati, tamo, kod žene, u onu sobu, kući, ne može — svršeno je! A to njeno cviljenje, a baš stoga što nije silno, ne priziva u pomoć, već tiho, ubijeno, bez nade, baš zbog toga ono mu sve jasnije, sve silnije dopire do ušiju. Izgleda da mu tavanice, grede, crepovi i sva kuća sa tim njenim cviljenjem pada na glavu i bije ga u teme, u mozak. I jedva, pomoću laktova i kolena, uspe nekako da se od samoga sebe otrgne, oslobodi i posrćući pođe u dvorište.

— Arso, pojas i silav! — jedva što promuca i dovuče se do direka kućnog i poče se uz njega leđima, glavom uzdizati, naslanjati, da ne padne, čekajući da ga Arsa opaše.

Arsa dotrča. Poče ga opasivati, ali s mukom, jer ceo njegov donji deo tela, kukovi, klatili su mu se i drhtali. Sva mu je utroba jednako krčala i kao da se kidala, pa se sve to srozavalo u pojas. On sam ništa nije video sem sluge Arse ispred sebe. Videlo se samo kako se, da ne bi pao, upinje i glavom i temenom da se održi uz direk a jedva drži uzdignute ruke, da bi ga Arsa što jače stegao, opasao. Posle jedva promuca:

— Alata!

Arsa mu poče silav opasivati. On to nije ni osećao, sav je trnuo osluškujući da li se ne čuje što iz onoga sopčeta gde je Sofka i odakle se videlo kako još prska sveća. Srećom ništa se nije čulo, ni Sofkin plač, jaukanje. Međutim iz one druge sobe jednako je dopiralo ono svekrvino cviljenje, da mu se činilo da joj se, otkako ju je udario i otkada ona već cvili, sigurno već cela prednja strana lica onako u krvi izgubila u zemlji. A noć je bila jednako mračna, i dvorište, kaldrma skamenjena. Jedino iz onog tamo kuta u dnu dvorišta, gde se slivala i skupljala nečistoća, zaudaralo je, na đubre, na trulež. On sve jače i jače poče da udiše taj trulež. I to ga poče kao osvešćivati. Seti se svega. Poslednji put zadrhta i iznenada, silno, jako poteže rukom za nož iz silava. Ali zastanu, jer vide da će ga opaziti Arsa, koji mu se približavaše dovodeći alata. I da se ne bi ovaj dosetio, Marko tom podignutom rukom za nož na sebe, na svoja prsa, srce, samo što poče da briše čelo. Opet ga obuze strah, opet malaksa, oseti neko krkljanje, tupo, teško, kao neko davljenje samoga sebe... Sam je Arsa morao u uzengije da mu umeće noge, jer se on jedva držao o jabuku na sedlu. Ali iznenadnom snagom odjednom skoči, usede u sedlo i nožem alata ostrag po sapima šinu. Šiknu krv. Alat, blješteći se u mraku, propinjući se i razrivajući kaldrmu, odjuri sa njime. Sofka ču kako Arsa polete u kujnu, i tamo ka svekrvi viknu:

— Ode gazda i poseče alata!

XXV

Posle uveli mladoženju kod nje. Ali je Sofka već bila u tolikoj vatri, da nije ništa za sebe znala. Jedva se ujutru razabra. Tek što je svitalo. Velika lojana sveća u čiraku, više njene glave, dogorela je do drške čiraka i rascvetana gasila se šireći zadah. A on, mladoženja, do njenih nogu, gotovo na golom podu spavao je.

Kako ga uveli, tako i zaspao. Spavao je mirno, duboko, sa ispruženim rukama i zgrčenim kolenima. I videlo se kako je, bojeći se, ako zaspi, da slučajno svoju glavu ne nasloni na jorgan, kojim je Sofka bila pokrivena i tako ga uprlja, pažljivo bio savio kraj i odgurnuo od sebe.

Kroz prozor već se čekrk na bunaru crneo kao i okolni zidovi. Dole iz štale čulo se šuštanje i ponovo preživanje stoke, a iz same kuće ništa. Sve je bilo mrtvo.

A Sofka, da bi sad, kad svane, kad aščika uđe, zatekla sve kao što je red, običaj, kako brak zahteva, morala sama mladoženju da diže, raspasava. Nije mogao da se probudi, toliko je bio klonuo i duboko spavao. Sama ga je raspasala, svukla i gotovo unela u svoju postelju, i pokrivajući i sebe i njega onim velikim venčanim jorganom, čekala da sasvim svane. Osećala je kako je dodiruju i bockaju po vratu i po obrazima dlake od muževljeve glave, koja je, kao u svakog deteta, bila kratko ošišana i skoro oprana, i mirisala na toplu vodu i sapun.

Sofka se diže iz postelje. Groznica je uhvati. Danju ništa za sebe ne bi znala. Noću bi se rasvešćavala. Videla bi kako joj više postelje, u strani, gori jednako sveća u onom poprskanom čiraku, do sveće stoji tepsija sa jelom, što bi svekrva danju, dok bi ona bila u zanosu, donosila, jer od stida, zbog onolikog pokora, preplašena, nije smela ni Sofkin pogled da sačeka a kamo li s njom da razgovara. Na kraju postelje, ispod njenih nogu, na goloj asuri, uvek bi ležao Tomča, muž joj, upola svučen, savijen i zaspao. Sofka bi se dizala. S mukom bi raspremala postelju. Zatim bi uzimala muža k sebi, jer nije htala da time, odbijajući muža, traži za sebe kao neku poštedu, pošto nije htela dopustiti da je neko više štedi i žali. Jer, kada se većovoliko preplatilo, onda bar neka bude potpuna patnja i muka!

I zato bi zaspalog Tomču, plačući, grlila, ljubila. Potom, sva uzrujana i gotovo polusvesna, dizala bi se, izlazila, išla iza kuće u dvorište, u pustu, nemu noć, ograđenu zidovima. Sluga Arsa, kao čuvajući je, klečeći u kakvom kutu, uvek bi se ispred nje pojavljivao, da joj se time kao stavi na uslugu. Ali ona ne samo što mu nije ništa naređivala, nego, kao da ga nije ni poznavala, tako bi ga gledala nekim razbludnim, pomućenim pogledom, od čega bi se Arsi čisto kosa dizala i koža od kičme po leđima ježila. Držeći raspasane šalvare, sa ulepljenom i razastrtom kosom oko slepoočnica i vrata, sa košuljom, koja joj je bila toliko razgrnuta da su joj blještala vrela prsa, išla bi po dvorištu. Posle bi se opet vraćala natrag u svoju sobu, opet legala u postelju, opet, plačući, grlila i ljubila muža i molila Boga da bar jednako ovo ovako traje: ovako noć i ona, ovako usamljena.

I cele bi noći tako, dok ne bi izjutra, savladana i izmučena, pala u dubok grozničav san, te bi se i sutra ceo dan gubila u vatri i zanosu. I naposletku, za čudo, ta njena groznica, bolest, dobro joj dođe, osobito što se, zbog toga, izbegoše svi oni običaji posle svadbe, prve bračne noći: ono viđenje, čašćenje i dolazak žena, komšiluka, rodbine, među kojima bi ona morala da se pokazuje vesela, zdrava...

XXVI

Jedva, ne sebe radi, koliko njih, kuće radi, a osobito da svekrvu umiri i oslobodi, poče se pridizati. Istina, nikako sasvim zdrava, tek ako bi se oko ručka pojavila i izišla iz svoje sobe. Sva oronula, povezane glave, i sa otoboljenim kao na plač, vrelim, uzdrhtalim ustima i podbulim očima. Ali to je kod nje već bio onaj utišan, unutrašnji, staložen i mlak plač, koji po nekad tako godi.

I svakog dana bivala je sve kao zdravija, stišanija. Od njenih, naročito otac i mati, kao osećajući svoju krivicu, nisu nikako ni dolazili. A onu njenu bolest, groznicu posle venčanja, oni, kao i ostali svet, nisu smatrali za bogzna šta.

To je obična stvar. Zato je, sasvim odvojena i ostavljena samoj sebi, osećala kako se s dana u dan smiruje. Poče da ide po kući, čak i da radi. Poče svekrvu i celu kuću da zasenjuje i ispunjava onom svojom lepotom i raskošnošću, sada još većom. Kao kod svoje kuće, ovlaš, ne sasvim obučena, neutegnuta, njena se razvijena polovina i bedra još više isticala. Sama joj se svekrva, gledajući je, njome topila i nasladivala. Koliko puta, kada bi Sofka klečeći radila oko ognjišta — a tad bi se njena nagnuta pleća, ispala joj prsa i kosa zabačena iza potiljka toliko isticala — svekrva se, sedeći pored nje, ne bi mogla uzdržati a da je rukom, a sve u strahu da je ne povredi, sama namešta i doteruje i čisto je gladi. A osobito bi joj oko kolena sklanjala šalvare, da joj se ne bi uprljale od pepela. Celog bi dana presedela u Sofkinoj sobi, i to u kutu, povučena, skupljena, gledajući kako Sofka rasprema, izvlači iz kovčega svoje haljine, razne jeleke, raskošne košulje, svilene marame.

Tako bi bilo ceo dan, a u veče legalo se rano. I onda je čovek mogao, onako sam, u dugoj noći, rahat da se nauzdiše, naodmara, pošto se znalo da će i sutra biti isto ovako.

I samo da nije bilo još i ono svekrovo, ono one noći, a, posle toga, ovo njegovo nikako nevraćanje kući niti javljanje o sebi, možda bi bilo sasvim dobro. Ali se i to svekrovo poče kao zaboravljati. Sofka ga poče u sebi izvinjavati. Pijan bio i, možda, svekrva i aščika nisu umele kako treba da mu objasne, i zato on nije davao da ona sa mladoženjom ode u svoju sobu, a ne što je on sam hteo nešto. Ali što se, otkada je otišao tamo u han, ovamo bar ne navrati, ne dođe da se time, ne Sofki kao izvini za sve što je onako pijan radio, nego da komšiluk, svet, osobito njene, oca, mater i rodbinu, uveri kako ništa nije bilo!

Ali bi i to. Jednoga dana, pred mrak, dojuri konjanik seljak, planinac, dugih nogu, sa ašama na konju mesto uzengija i starim nekim, drvenim sedlom. Oko golog trbuha klatio mu se raspasan pojas a iza pojasa virio dug, crn revolver.

Kako sjaha, niti konja veza, niti se utegnu, dotera i zagleda kakav je, već brišući, otirući šakom znoj od dugačka vrata, uđe pravo k njima u kujnu. Sofka je bila ustala i zabacivši ruke u kojima je nešto držala, čekala ga je. Svekrva je, kao uvek, mirno i pribrano sedela iza Sofke gore, do samih vrata velike sobe. Sofka, iako je odavna slutila da, pored svega ovoga što je bilo, mora ipak još nešto crnje i gore dogoditi se, pretrnu od straha, jer ovaj seljak još s vrata poče da muca kroz suze, ne gledajući ni u Sofku, ni u svekrvu:

— Gazdarice, ete, poslali me da kažem da je gazda ubijen. Ubijen je gazda, gazdarice! — ponavljao je, jednako brišući znoj po koščatom licu i dugačkom vratu.

Sofka oseti kako joj kolena zaviše u stranu i kako joj oči kao neka munja opali. Vide kako iza nje svekrva, pošto se bila digla i zaprepašćena počela desnom rukom da se hvata za vrata od sobe, da bi se zadržala, videvši po licu seljakovom i njegovim očima da je istina šta govori, prevrnu se u stranu i skljoka preko praga sobnjeg. U padu zabeleše joj se rukavi košulje od uzdignutih ruku i samo se ču kako jeknu:

— Nemojte me, bre, ljudi!

I Sofka oseti kako su te njene reči poslednje. Poslednji je to njen uzvik, poslednja njena odbrana: i od onoga tamo ubice, Arnautina, i od ovoga glasnika, i od Sofke, i od celog sveta, čaršije, varoši, što za ovo kratko vreme toliko, na mah, kao podgovoreni od nekog, nagrnuše na nju, njenu kuću, te je eto sada sasvim uništiše...

Sofka, jedva držeći se na nogama, poče da muca i da pita glasnika:

— Kako? Gde?

— Ne znam, gazdarice — isto onako ukočeno stojeći, brišući znoj i suze, nastavljao je ovaj. — Tek pre dva dana, u samu večer, gotovo u noć, otuda, iz Arnautluka, donesoše ga u han ranjenog. Kuršum mu ostao u trbuhu. Istina nije znao za sebe, ali je bio živ. Ponesosmo ga. I kad besmo u Korbevcu, gde ga unesosmo u sobu mehansku, da se odmori, dok mi spremimo druge volove — jer na konjskim kolima nismo smeli da ga vozimo, konji idu brzo, i kola se truckaju... a ko je znao da hoće to da učini! — tu se on osvestio, i, kada se video sam, silom pokidao pojaseve oko sebe, te se rana otvorila i krv bljunula, i on izdahnuo. I sad mene poslaše da dođem i javim, da se spremite, i da ostanem ovde, i, ako što treba, da poslušam i nađem se.

U tom, kao bez duše, dotrča Arsa i, kad ču, on od straha sede na zemlju.

— A ti? A vi? — poče da viče na selaka.

— Eh, bre, Arso! — nastavi plačno sasvim razumevši te Arsine uzvike, prekore, kao: gde su oni, sluge i ostali seljaci, bili, i kako su to smeli da dopuste, da ga ne čuvaju, čak i da poginu za njega? — Zar smo znali, bre, Arso? Ali, znaš ga ti. Otkada se sa svadbe vrati, kao da nas je hteo da prevari, tako je bio mek. Nikom rđavu reč, ni „potamo se". I kada videsmo kako on sam duboko preko granice zalazi, počesmo za njim i mi, ali čim on opazi da ga iz daleka čuvamo i pratimo — u malo nas ne pobi. Otada niko nije smeo ni da mrdne za njim. I, sad... eto... tako!

Sofki po ovome bi jasno da se zbog nje, ako ne ubio, a ono navlaš išao u Arnautluk. I kad video da ga ovi nisu na mesto ubili, on, da ne bi ipak ovamo kući, Sofki, živ došao, i morao u nju da gleda, da crveni, eto, kad ostao sam, raskidao veze, pojaseve oko sebe, te krv i utroba pokuljala.

Ne gledajući ni na svekrvu, koja ostade preko praga ležeći, ni u seljaka koji je, onako ukočen stojeći nasred kujne, sekao celu kujnu i oštro se od tepsija i sahanâ, poređanih po polici, ocrtavao — posrćući, s teškom glavom, koju je osećala da već jedva nosi, ode i pade opet u ono svoje sopče, koje joj se učini sad već toliko crno, toliko duboko kao kakav grob.

Ljudi, komšije i čaršija opet kuću ispuniše, opet kuća uzavre od sveta. Brzo tamo podigli svekrvu, polili je vodom i uneli u sobu.

Seljak je jednako onako ukočeno, visoko stajao napred u kujni i na iznenađenja, uzvike odgovarao jedno te isto:

— Eto tako... Gazda... Svrši se...

I kada poče padati noć, nastade još teže. Tada počeše i seljaci, rodbina iz Turske i okolnih sela, dolaziti, svi u trk, unezvereni. Neko peške, neko na konju, kolima, kako je kome bilo zgodno. I cele su noći dolazili i priticali gotovo svi oni sa svadbe, i još i drugi. I kako bi koji došao, ušao na kapiju, samo bi huknuo:

— Oh, bre, bato! — I ne bi ulazili u samu kuću, kujnu, sobu, već se skupljali oko kuće, iza kuće, i tamo klečeći uza zid ređali se, ponikli, zaprepašćeni i sa uvučenim rukama u pazuhe.

Arsa, što nikad do tada, opi se na mrtvo ime. Nije hteo više ništa da sluša. Samo, onako pijan, na glas je pretio Ahmetu, Arnautinu, za koga je tvrdo verovao da ga je ubio.

— Ah, Ahmeta! Ah, crni sine! Ah, psu!... I govorim njemu: „Pusti me, gazdo, pusti da ja Ahmetu stanem za vrat, da ja s njime svršim, da mu ja krv loknem!" a on: „Sedi ti, Arso, kod kuće, idi u varoš i tamo čuvaj kuću, a dosta je krvi i glavā!" A sad — eto kuća! — I pokazujući rukama na kuću, kao otkrivajući je, razgrađujući je, bacajući sa nje krov, dimnjak, nastavljao je. — A eto i tvoja glava! — I od besa, pića, udarajući se po glavi i vratu, zaždio bi onda čak do kapije, da bi se isto tako opet otuda vratio, još jače, bešnje psujući toga Ahmeta, preteći mu, dok naposletku ne poče i samoga mrtvoga Marka, svoga gazdu da grdi. — Tako mu i treba! Zar on, gazda moj, da ,dopusti da ga onaj i onakav pas ubije. E, ali ja, Arsa, ništa ne znam! Arsa lud, Arsa pust!... Kad govori Arsa, kad moli da ide i onom psu otkine glavče kao vrapcu, onda: „Nemoj, Arso, sedi kod kuće, Arso"... I Arsa sedi kod kuće, uz ognjište, ali zato tvoja glava i otide! I sad tako, eto! Ja, tako!

Na pitanja i prekore ostalih, kako treba da ide tamo, u kuću, da se nađe, posluša, naročito da je oko gazdarice, odgovarao je:

— Neka umre i ona! — i nije hteo da priviri, niti rukom štogod da pomogne — ma da se bez njega nije moglo ništa. — Neću bre, neću! I baci im ključeve, da oni, kako znaju, idu, rade...

Ali, kad se dockan u noć otvori šitom i osvetli kapija, i na njoj se ukazaše glomazna rabadžijska kola, koja su vukli dva jaka, stara i crna bivola, a kola su bila puna sveže i meke slame i povrh nje, u sredi, crneo se Marko mrtav, ispružen, ukočen i pokriven širokom gunjom, onda Arsa ne dade da ga iko drugi s kola skida. Sam ga ponese i osećajući ga na leđima, grleći mu oko svog vrata ispružena, ukočena i mrtva kolena, klecajući i spoturajući se, grcao je i plakao:

— Oh, bre, gazdo! Oh, bre, gazdo!

I ma da su drugi pomagali, pridržavali Marka za ramena i glavu, koja mu se klimatala, Arsa je ipak toliko klecao i posrtao. Ipak izdrža. Sam ga unese, položi po podu, preko belog čaršava i namesti mu glavu na jastuk. I kada mu poljubi skrštene ruke, one njegove kratke, debele ruke, od kojih je on toliko drhtao i imao celog života straha, izlete iz sobe i tamo u dvorištu pade kao neko dete, briznu u jak, grozničav plač. Otuda iz sobe odjednom oko osvetljenoga Marka razleže se takođe silan plač žena i njihno naricanje. Osobito se isticalo naricanje seljanki, njegovih tetaka i strina. Ono njihovo prosto jednostavno naricanje, ali tako silno n jako, da je izgledalo da se s tim plačem i sam krov i kuća diže.

— Lele, bato! Kuku, bato! Ko će, bato, da nas čuva i da brani, bato?

Od ljudi kako bi koji dojurio s konjem, sišao, ulazio bi tamo kod njega u sobu i, zapalivši mu sveću i poljubivši ikonu na prsima i prekrštenim rukama, odmah bi se otuda tiho na prstima, gologlav vraćao i odlazio međ ostale, da oko kuće, naslonjeni uza zid, kleče. A najviše ih je bilo iza kuće, do samih prozora velike sobe, jer tu su sasvim odvojeni od ovih varošana i od dolazećih i mogli slobodni, neopaženi, da hukću, ubijeni i zgrčeni:

— Oh, bre, bato!

Jer svi oni — ma da im Marko, ili tek jedan put ili i nikako nije u kuću privirio, još manje koga pomagao, pošto je svaki od njih za sebe živeo, radio — ipak, dok je on bio živ, oni su se pod tom njegovom surovošću i strogošću osećali kao sklonjeni i sigurni. A sada, bez njega, došli kao obezglavljeni, jer nad sobom više nemaju onog koji im je svojim imenom davao silu, odbranu, bezbednost. Jer dovoljno je bilo reći: „Ovo je gazde-Markov stric, deda ili rod", pa da svaki, ma ko bio, komšije, celo selo, čak i druga sela, budu prema njemu drugačiji, uzdržljiviji, mirniji. A sada, njegovom smrću i nestankom, postaju kao neki siročići, ostavljeni svakome, celom svetu, na milost i nemilost.

I kada, duboko u noć, iziđe i mesec i njegova bela kosa svetlost, ispresecana crnim ivicama okolnih zidova, poče da ispunjava kuću i samu svetlost sa ognjišta da upija u sebe, Sofki se, ne poče da čini, nego je već kao u istini osećala kako sve to nije ono, u stvari. On, Marko, nije mrtav, ova kuća nije u varoši, među svetom, nego kao negde daleko, na nekom žutom pesku, usred neke pustinje i sve se to spaja u jedno, i sve, kao nešto živo, zajedno sa mesečinom ide, kreće se. Kreće se i sama ona ovamo u sobici, presamićena na sanduku, i ono iz štala na mahove ujedanje konja međ sobom, njihova cika, i oni, iz kuće i do prozora, na zemlji, poređani, od umora pospali njegovi seljaci sa licima, okrenutim ka mesečini, i sam on tamo, u velikoj sobi, osvetljen svećama sa prekrštenim rukama, vezanim vilicama, opkoljen ženama, sa ženom, svekrvom, više glave, koja, sasvim zaboravivši da kuka, nariče, ponikla, jednako drži ruku na njegovom ledenom čelu i čisto se igra pramenovima mrke kose, gladeći mu je i ispravljajući oko ušiju.

Sutra je bila sarana. Tada već dođoše i njeni. Ali Sofka, uplašena da ne bi morala sa svakim razgovarati, i da joj ne bi punili sobu, ležala je. Jedino što je kod nje u sobi bila mati, a svi ostali njeni bili su ispred vrata i sobom zatvarali ulaz, da ne bi ona kroz vrata, prilikom iznošenja mrtvaca, mogla štogod videti. Jer adet je da mlada od svega toga ništa ne vidi, još manje samoga mrtvaca, da ne bi, ako je možda zatrudnela, rodila dete sa kakvom belegom ili bolešću.

XXVII

I kao što se nadala, tako docnije i nastade. Ma da prođoše dve i tri godine, njoj se jednako činilo da je tek sada, kao juče, nema ni mesec dana od svega ovoga što je bilo.

U početku, posle sarane Markove, cela jesen i zima prođe u izlaženju na groblje. Nastadoše one jesenske duge kiše, lapavice i mećave. I nešto zbog toga rđavog vremena, a najviše zbog žalosti u kojoj su bili, ostadoše potpuno usamljeni, odvojeni od sveta i komšiluka. Jednako uplašeni i zaprepašćeni tom njegovom iznenadnom, čisto kao nekom u inat naglom smrću, redovno se on tamo na groblju posećivao, davala poduša, parastosi. I baš u tom jednakom odlaženju, tačnom vršenju dužnosti prema njegovom grobu, bilo je u isto vreme i oslobođavanje od samoga njega, pokojnika. I, na iznenađenje, ali u istini — jer se sve činilo što treba njemu tamo na groblju — on se sve više počeo zaboravljati i gubiti.

U početku od Sofkinih samo joj mati dolazila. Ali, da li što je još bio početak, Sofka još osećala onaj trag mrtvačev, ili zbog nečega drugoga, tek kad god bi joj mati došla, uvek bi se ona uznemirila, plašila. A to joj je mati primećavala, i zato je tek posle nekoliko nedela jedva ponova dolazila, i to više sveta, običaja radi, nego li što joj se mili da vidi Sofku.

I naposletku, ko zna koliko vremena prođe, ma da se Sofki jednako činilo da je sve to tek od juče, ipak ona poče osećati: kako će se na kraju krajeva možda sve preboleti, sve utišati i zaboraviti. Istina, njoj je bilo jednako teško i bila je uverena da teže, gore ne može biti, ali ipak, ipak, ko zna, možda...

U kući samo su na nju gledali. Svi su pazili, sklanjali se i gledali da je samo njoj dobro. Mogla je da gotovi jela kakva je htela i koliko je htela. Svekrva joj, posle smrti Markove, sa kojim je bio spojen sav njen život i to onaj život tamo, Dok su bili u Turskoj, na selu, jer ovaj posle u varoši nije za nju bio život, ostavljena sada od njega ovde, u varoši, međ tuđim svetom, toliko je bila uplašena i utučena, da se videlo kako već ništa više ne može da misli, da želi. Po njoj se mogla cela kuća da odnese. Ništa ona ne bi primetila. I kad bi se, posle, kao osvestila, osećajući se čisto kriva zbog toga, i da bi se opravdala, počela bi oko Sofke da obleće, ulaguje joj se.

Tako isto i sluge, a osobito Arsa. On, samo da bi njegova „snaška" rekla dobru reč, ceo dan i celu noć u stanju bi bio da je sluša, trči. Za njega je bila najveća sreća, kad dođe k njoj i kaže joj: kako je to i to, što mu ona naredila, ovako i ovako svršio, da bi po tome ona videla kako je on tačno, sve onako učinio, kako je ona želela i osmehnula se na nj.

I sve, cela kuća, bila je njena. Pa ne samo to nego čak i plodovi od drveća, kojega istina tamo, iza kuće, usled naslaganih „kamara" drva i kamenja, nije bilo mnogo. Kad bi sazrele kajsije, jabuke, i od zrelosti počele da padaju, onda, da bi ih bar oni, sluge i nadničari, mogli jesti, pošto od njih iz kuće niko nije to ni gledao, uvek bi se čulo kako jedan drugog nutkaju:

— Idi, bre, idi, neka dođe snaška i okusi. Neka vidi da li su već zrele.

Tako i po komšiluku. Za ceo je taj kraj, još ne naseljen sasvim, već iz seljačkih porodica ili iz varoške sirotinje, koja se odozgo, gde je bila skupoća, doseljavala ovamo — za sve njih ona je bila njihova „snaška". Svuda su je dočekivali i pozdravljali usrdno, radosno. Ako bi prolazila ulicom, žene su je na kapijama stojeći dočekivale i nudile je, i to ponizno, da svrati i uđe kod njih. A Sofka je kod svake odlazila, i svaku opet, iz sažaljenja, zvala, da i ona k njoj dođe.

Pa i sam njen muž, Tomča, i on je bio prema njoj pažljiv. Već beše malo uzrastao. Nausnice ga ogaravile, podbradak se zaoblio, vilice mu postajala četvrtaste. Ona njegova detinja, visoka, suva ramena sada iz mintana počela da se koščato pomaljaju, kao što su mu se već i kolena izrazitije ocrtavala. Što god bi mu naredila, on bi učinio, i to radosno, sav srećan zbog toga što mu ona naređuje i što govori s njim. Nikada, već samo kad bi ga Sofka pozvala, ako bi prišao k njoj. S njime je ona mogla da radi što god hoće. Koliko bi ga puta, iz jutra, kad hoće iz sobe da iziđe, ona natrag sebi pozivala. I videći kako nije lepo opasao pojas, nije se dobro zakopčao, počela bi ga sama doterivati, i to više iz sažaljenja.

On joj predao ključeve od sanduka sa novcima. I to joj silom uturio, moleći je da ih čuva kod sebe, iz straha da bilo on, bilo mati, kako su spleteni, ne zaborave ih gde i izgube. Svaki dobiveni novac od hanova njoj bi predavao, da ona tamo u kovčeg metne međ ostali. Tako isto, kad je trebalo nešto plaćati, od nje je tražio. I to ne on sam ključeve da uzme, otvori sanduk i vadi iz kesa, nego da mu ona dâ, ona izbroji koliko treba.

Tako i svekrva celu kuću ostavila njoj, i ambarova, i podrume. Pa čak i za one stvari sasvim seljačke, sasvim Sofki neznane i nepotrebne, i za njih nije htela da zna ni gde su. I kada bi koja komšika došla da potraži na poslugu kakvu stvar, za koju je samo ona, svekrva, znala kako izgleda i gde može biti, ipak bi je ova odbijala i upućivala njoj, Sofki.

— Ne znam ja, ne znam, slatka! Eno Sofke, pa ona, ako zna i ako hoće, neka ti da.

I tek kada bi joj Sofka odobrila:

— Pa podaj, nano. Ja ne znam gde i kakvo je to. Idi ti i podaj! — tek onda bi svekrva odlazila, pela se po tavanima, zavlačila po kutovima, gde je tu stvar, ko zna kad i kako, ugurala.

Sofka je osećala da to oni ne čine što je se boje, što strepe, što možda oni ne bi mogli, znali i umeli svim tim, celom kućom i imanjem upravljati, nego da to čine stoga da bi ona bila sasvim slobodna i da bi se i ovde, kod njih, osećala kao kod svoje kuće. A pored toga valjda su hteli da se time pred njom kao otkupe za sve ono što je njoj njihov Marko, možda, na žao učinio, a bez njihove krivice i volje. Možda je i sasvim unesrećio, zarobio, ubio, što ju je doveo ovamo, kod njih.

I to je činilo da Sofka, istina teško, mučno, sporo, ali malo po malo poče osećati kako se na sve to navikava i kako će, ako ovako i dalje potraje, naposletku — a pri tom kako bi se zagrcavala, kako bi joj počele suze da naviru od radosti! — sasvim sve njih, kuću, svekrvu zavoleti, a osobito njega, muža, Tomču. I to možda će ga tako istinski zavoleti, kako se nikada nije nadala... Čak, možda, ko zna, daj Bože, zavoleće ga onako kako je sanjala, snevala... A najviše je utvrđivalo u tom predosećanju da će ga zaista zavoleti ne to što je bivao sve izrazitiji i puniji one muške, jake snage, nego što je s dana na dan sve više postajao njen, sasvim njen, ne neki drugi, strani Tomča, sin gazda-Markov, nego *njen Tomča*, kao neko njeno čedo, delo njenih ruku, kao da ga ona rodila, ona odnegovala. A u stvari to je i bilo. Jer ona ga je gotovo i naučila kako da se nosi, kako opasuje, čak i kako da govori, da se pozdravlja i ponaša. Nikada iz njene sobe nije smeo izići neočešljan, neumiven čak ni nenamirisan. I onda njena će zasluga biti, ako on ustraje ovako kako je počeo, sasvim se razvije, prolepša, i postane istinski dobar, viđen i čuven. Sve će to njeno biti, kao što je ovo sada njeno; jer je on već lep, čist i čak raskošno odeven. Pa njeno je i ono što on već sada (a kakav li će biti tek docnije kada sasvim postane čovek), čim je pogleda, stane do nje, ne zna šta će od sreće i radosti. Odmah tada njegove crne oči tako široko i toplo počnu da sjaje, i, već drhteći od strasti za njom, za njenim toplim, jedrim telom, unosi se u nju i samo je pita: — „A, Sofke?" unapred srećan što će moći odmah da joj učini što mu bude htela narediti.

    A da će zaista doći ljubav, sreća, i po sebi je to osećala. Noću, posle večere, u postelji, osećala bi kako se oporavlja, goji. Snaga, zasićena svačim, umorno, trnula i treperila joj od naslade. Sladak joj odmor. Ispod plećaka i kukova već ne oseća kroz dušek tvrdu zemlju, nego od svoje gojnosti tone u mekoti i toploti postelje. Kad god tako ležeći slučajno pokrene noge i to cele, čak iz kukova, odmah bi osetila kako joj se dodiruju i spajaju svojom oblinom i punoćom... Tomča sasvim je njen. Ni o čemu drugom ne zna do samo o njoj, Sofki. Jer sve što je do sada doznao i osetio, to je samo od nje. I sada već ovako malo odraslim ona je mogla sve svoje želje zadovoljavati, čak i najluđe, one devojačke! A ko zna tek docnije kako će biti, kada on sasvim poraste, ojača, postane čovek, i kada se budu kod njega počele razbuktavati njegove lične želje, strasti, ludosti. Ovako izučen od nje, kako li će je tek tada sam grliti, ljubiti!...

XXVIII

Kuća joj postade topla, i to sasvim topla. Istina, bila je sniska, bez patosa, sa nabijanim podom, ali joj se nije više činila hladna, onako razgrađena. Tada ona, pored gole zemlje, sniskih tavanica i one kujne sa onolikom širokom badžom nad ognjištem, zbog koje čovek nikad noću nije smeo tu da uđe, jer se kroz nju videlo nebo, ona poče osećati i ono drugo: ono silno, nagomilano sirovo bogastvo po podrumima, štalama i nabijenim ambarima. Samo treba čovek rukom da mane, da uzme i rasporedi, pa sve da bude kao što treba. I Sofka sve to uze. Ćilimove i jastuke oboji i njima celu kuću, podove, zidove, ćoškove obloži, ispuni. Odmah se zbog toga izgubi ona oštrina uglova sobnih a negde i napuklost i otvori od vrata i prozora. Sve postade mekše, toplije i ututkanije. Cela kuća dobi drugi izgled. I sama kujna, sa novom policom i po njoj poređanim sanovima i tepsijama, ispuni se onako gola i prostrana.

I jedino docnije što bi je pokatkad kao uznemirilo, to je bio on sam, njen muž, Tomča. I to je uvek bivalo, kada bi on ostajao nasamo bez nje, onda, kada bi ga ona, ili usled posla, ili usled zamorenosti i zasićenosti njime, dva i više dana kao odstranila od sebe, osamila ga, te on već počeo da i ne oseća njenu snagu, nju oko sebe. Obično bi ona ovamo po kući i kujni bila u poslu, a on tamo po ambarovima, štalama sa slugama i čivčijama. I Sofka bi onda primećivala kako bi mu, čim bi znao da ga ona tamo ne može čuti, ni videti, a naiđe na koga slugu ili u krađi ili u kakvoj neispravnosti, odmah tada njegove oči zasjale takvim nekim užasnim, nečovečnim sjajem, vilice mu tako odskočile i cvokoćući počele da se tresu. I Sofki onda, na užas, odmah bi upadale u oči njegove ruke, kratke, maljave, već iste kao u oca i onaj Markov zdepast vrat sa sniskim čelom i izvučenim, visokim potiljkom.

I Sofku bi, ne znajući ni sama zašto, njegovo ličenje na svoga oca, kada se razgnevi, pobesni, uvek nekako hladno, kao nož oko srca seklo. Ali opet, čim bi ga ona pozvala, a morala bi tada podešavati glas da joj bude nežniji, i što strasniji, odmah bi videla kako se sve to sa njega gubi. Brzo, kao uvek, ponizno i radosno što ga ona zove, što može da je posluži, dotrčao bi k njoj i radosno pitao je:

— Šta treba, Sofke?

XXIX

Kada Tomča sasvim poraste, i on sam, a najviše svekrva, počeše navaljivati na Sofku da prodadu han i sva imanja što imaju tamo na granici i u Turskoj, i da do kapije, sa lica čaršije, podignu veliku lepu kuću. Sofka nije nikako pristajala. I to nije pristajala, ne što nije htela, nego da ne bi svet, osobito njihna rodbina, osetila to kao odvajanje od njih, od njihovih sela, a još više da se ne počne pričati kako eto već počelo da se imanje, hanovi, prodaje i troši. A opet bojala se da to odbijanje ne bi Tomča pogrešno tumačio. On je bio jednako prema njoj osetljiv, brz, uplašen. Svaki čas se trzao i plašio da ga ona neće prizvati sebi, neće trpeti kod sebe, u sobi, u postelji. Nikako nije mogao da se oslobodi i da je, kad bi sa njom bio nasamo, miran, komotan kao kod svoje žene. I onda, da ne bi to njeno odbijanje protumačio on tako: da kao ona zato želi da ti hanovi na granici ostanu što zna da će on morati svake godine tamo po nekoliko nedelja i meseci provoditi, te će time ona ovamo biti oslobođena njega, koga kao mora silom da trpi. Da ne bi on to tako shvatio, pristala je naposletku da u čaršiji mesto nove kuće načine kakvu mehanu i nekoliko dućana, odakle će se imati kirije, a ovde samo kuća da se malo opravi i iza nje podigne i uredi bašta.

I tako i bi. S proleća već je bila uveliko bašta prekopana. Izvađene i nabacane uza zid belele se gomile kamenja. Zemlja se crnela meka i izrivena. Pored onog njihovog sopčeta i cela je kuća bila spolja okrečena, pa i ona velika soba, osobito one njene crne, kuršumima izrešetane tavanice i grede. Štala je bila ispražnjena. Jedino alat ostao u štali. Ali iz štale već nije više slama štrčala i padala iz napuklih zidova, da se meša dole sa konjskom balegom i posle onako da zaudara. Sve je bilo počišćeno. Velika kapija sa svodom, krovom svojim, kao čitava kuća za sebe, rušila se. I kao da se rušenjem te kapije, koja je ovamo celu kuću i dvorište zaklanjala, uvek je činila vlažnom i mračnom, cela kuća oslobodi i ispuni svetlošću i sjajnošću, te, onako prizemna, ali okrečena i stegnuta novim krovom, dođe lepša i dobi onaj senovit izraz.

Koliko puta bi Sofka stajala i gledala kako se ruši, pletući i držeći ispod miške klupče konca. Na njoj teške od jumbasme šalvare sa širokim, zlatnim nogavicama. Ispod njih viri njena obla peta u belim čarapama od konca. Na prsima leže nize dukata i kriju ovlaš oko vrata zakopčanu košulju s čipkama. Bedra joj ne kao u devojke, no kao u svake nove žene, zasićene nasladama, nabrekla, puna i izdvajaju joj se tako oblo od polovine. Sama ona oseća kako joj mišica, poduprta onim klupčetom, odskače i nadimlje rukav. Lice joj sasvim čisto. Osobito oko vrata, podbratka i vilica, počela ona mlečna, ženska belina. Nigde, ni po potiljku, ni oko ušiju, nema malja. Pozadi vrata, onaj prostor ispod ušiju, otkriven zanesenom kosom u stranu i uvijenom u svilenu šamiju, blješti joj i pokazuje svu jedrinu ramena joj. Iz cele nje bije ona čista bela, ženska sređenost, zasićenost, a koja se kod nje najviše pokazivala u njenim mirnim očima, u nabranim, tankim, povijenim obrvama i onim sustalim, vlažnim, srećnim ustima.

A kad bi je video ovamo samu, odmah bi odozgo iz kuće Tomča k njoj odlazio. Saginjući se, počeo bi da joj pokazuje šta se ruši i kako će da se zida. Onda ni svekrva, kada bi ih tako videla, ne bi mogla da izdrži. Makar pristavljeno jelo u kujni sve iskipelo, i ona bi k njima sišla. Ali, da se ne bi primetilo, uvek bi nalazila neki posao u štali ili oko onog đubreta. A to sve zato da bi bila što dalje od njih, da bi ih tako otuda, iz štale, iz kakvog kuta, iz mraka, mogla što više gledati. Osobito bi gledala nju, Sofku, kako sa onim srećnim izrazom usta i sa crnim i zadovoljnim očima, okrenuta i nagnuta nad Tomčom, sluša šta joj ovaj govori i pokazuje. A po Sofki se vidi kako ona zna da i njega to ne interesuje, nego da bi samo mogao biti pored nje, da je gleda, naslađuje se njome, on joj to i pokazuje. Svekrva vidi kako Sofka uživa u Tomči, gledajući kako se oko nje uvija, sagiba, kako joj rukama pokazuje, a već mu ruke dugačke, mišice mu se jasno iz zakopčanih i tesnih rukava od mintana pomaljaju kao i već ojačala njegova rebra i pleća, koja bi se, kad bi se sagao, oslobodio od utegnutih pojaseva: počela da šire.

Pa još kada svekrva vide kako Sofka, zadovoljna što Tomča tako srećno, kao dete, oko nje obleće, sva se k njemu okreće i, znajući koliko će mu učiniti zadovoljstva, počne da mu se kao unosi, i sva licem, prsima predaje, da je on gleda koliko hoće, naslađuje se njom, onda ova, svekrva, ne može više da izdrži, već počne da šapuće u sebi:

— Slatka deco moja — i još ako tada primeti kako je Sofkin trbuh malo veći, kako će možda do godine i unuk doći, nju od sreće uhvati grč. I otuda, iz štale, iz kuće, gde se je bila sakrila, počne da kija, kašlje. I to je izda. Sofka, primetivši je, a pogađajući sve, počne blago, veselo tobož da je kori:

— A jelo, nano? Ako ono tamo iskupi?

Ona, posramljena, brišući se, a najviše suze od radosti, počne da se izvinjava i odlazi natrag u kujnu.

— Sad ću, sad, Sofke! Nego nešto u štali imala sam posla, pa me ovaj prokleti smrad uhvati.

XXX

Beše praznik, sveta nedelja, i to davno posle službe božje, jer beše prestao jek zvona sa crkve. Prestade po čaršiji hod, kretanje ljudi, koji su išli iz crkve kućama, ili po mehanama. Beše nastalo ono praznično zatišje, svetlo, toplo sa jakim suncem a kratkim senkama, sa već iznad zemlje i kaldrme užarenim i razigranim vazduhom. Sofka, pošto je bila odavna spremila sobu, počistila i doterala kujnu i oko kuće, bila se obukla i, čekajući na ručak, koji je svekrva tamo postavljala, srećno je stajala ispred kuće. Oko nje, kao uvek, bio je Tomča i nešto joj govorio. Odjednom gore, na kapiji, pojavi se otac njen. Sofka od, sreće pretrnu kad ga spazi, i u malo, zaboravivši se, ne potrča k njemu. Zar se već vratio? A ona je čula da je uskoro posle Markove smrti opet otišao tamo, u Tursku. Ali se zadrža, jer po njegovom oštrom, sitnom, usporenom koraku ona vide da je ljut. Zatim vide kako mu, kada spazi nju pa još i sa Tomčom i oko njih dvorište raščišćeno, kuća okrečena, udešena, zaigra čudan, ironičan osmeh na suvim, malo zbrčkanim i već krezubim ustima. I taj osmeh Sofku preseče, sledi.

Tomča radosno otrča u kuću, da spremi u velikoj sobi što treba za tasta. Sofka, čisto ukopana, ostade čekajući oca. Nije mogla da se makne, jer je taj njegov podsmeh, sa kojim joj se približavao, svu zbuni. Jasno je videla kako se u tom njegovom osmehu krije jetkost, bes i podsmeh na sve: i na nju, Sofku, jer, eto, devojka dobila muža, svoju kuću, pa već počela da se goji; i na muža joj, Tomču, jer ga video kako srećan oblaće oko nje. Za Sofku je jasno taj njegov osmeh govorio: „O, o, pogle, ovi baš počeli da žive: pogle kako se udesili. A ja ovamo mogu bez ičega. Ja i njena mati ništa, zaboravili na nas!" I tada se Sofka seti da su možda odavna bez para, bez igde ičega, i sa jezom dočekujući ga poče sebi da prebacuje: što se nije setila i krišom, makar kradući, da im šalje, i to ne njemu, nego materi, da se on ne bi našao uvređen, i da sada ne dolazi ovako ljut. Ali iz toga je istrže svekrva. Ona istrča ispred Sofke ka efendi-Miti i iskreno radosna, čisteći ruke od brašna o skutove, poče ga pozdravljati:

— O, prijatelju, pšenice da pospemo, prag da presečemo, kad već jedan put dođoste.

Sofka ču kako otac, videći sve to, a sada još i Sofkino ovako ukopano stajanje, u ironiji odgovara:

— Eh, eh, zar ste nas toliko željni? — i to „nas" naglašuje jedva ugušujući jarost i gorčinu. Da zabašuri, poče jednako čistiti čakšire i cipele, što ih je tobož uprljao idući preko kapije i njihovog dvorišta, a u stvari da bi što više sakrio svoju ljutnju i bes i imao šta da gužva i stiska rukama.

— Kako si, tato? — pozdravi ga Sofka i priđe mu ruci.

On je poljubi. Dodirnu joj čelo, i to vrh od čela, onaj razdeljak od naviše začešljane kose.

— Dobro, čedo! — uvređeno joj odgovori. Ali se trže kada vide kako sve to biva sve veće, širi se, a za njega je bilo i ovo mnogo neugodno, a kamo li što mora sada, — i to prema njima još! — toliko da uvija. Zato, da sve to spreči, kratko upita Sofku:

— Gde je Tomča? Imam nešto sa njime! — i ne čekajući od Sofke odgovora, uputi se pravo k njemu. Sofka uđe onamo, u svoje sopče. Ali tamo ne moga da ostane. Ne znajući zašto, poče drhtati. I što nikada u životu, poče osećati kako joj duša, sva njena unutrašnjost nekako mrtvački zaudara.

Poče da drhti I da se trese od neke neizmerne nesreće, koju predoseti da će se desiti. I zaista, ona odmah ču kako on, otac, i ne čekajući da tamo u velikoj sobi bude poslužen, ne hoteći ni da sadne na silno nuđenje Tomčino, sav pobesneo što je dočekao, da on, efendi Mita, tako što čini, ovoliko se ponižava i na noge nekome dolazi, zaglušenim, šištavim glasom govori nešto Tomči, a na to mu Tomča, i to naivno, čisto uzbezeknuto, odgovara:

— Ne znam, ne znam, tato, ne znam. Boga mi, ja ni za kakve pare! — i to Tomčino odbijanje nije bilo odbijanje, odricanje da mu neće dati, nego detinjsko uveravanje, kao kad neko skrivi, pa se pravda.

— Pare! — ču Sofka očev glas, promukao, i gotovo poprskan pljuvačkom. I to ne od besnila što mu ovaj odriče, ne da pare, nego što su ga oni: ona, njegova Sofka, i on, tobož njegov zet, balavac, dovde doveli, da eto on, on, oh, on, traži, i to od koga! I Sofku preseče, jer ču kako on zaboravivši se sasvim a sigurno tamo nad Tomčom naginjući se, da ga udari, viknu:

— Zar da mi nije onaj, tvoj otac (nije hteo ni ime da mu spomene) obećao pare, zar bi ja za tebe, pezevenk jedan, dao moju kćer? — I u tom „za tebe", „pezevenk", toliko je bilo strašnog preziranja i odgurivanja nogom od sebe nečeg gadnog, nečistog, da Tomča pod tim kao pokleknu, sruši se, ali se zato ču njegov strašan, probuđen jauk i pretnja:

— Tato, bre? Ne tako, ne to, bre!

— Da! — još bešnje, još obezumljenije, ču kako joj otac nastavi. — Zar da nije obećao pare, i to kakve, zar bih ja dao, ne za tebe nego za vas, moje čedo, kćer? Ko si ti? Šta si ti? Kerpič jedan, seljak jedan! I zar da ti sad meni...

U jedan korak oseti Sofka ovamo kod sebe Tomču. Nije se mogao poznati. Vilice su mu igrale zadržavajući u ustima neke glasove, a ne znajući šta će rukama, štitio je svoje noge, butine.

— Daj pare! Daj! — dahtao je ka Sofki. Jedva se držao na nogama. Sofka, užasnuta, vide kako mu ruke jednako idu po pojasu, pod miške gde se obično drži nož. Ubi je taj strah, da krv ne legne, te ne učini ono što je trebalo da učini: da Tomči ne dâ pare, već da se ona sama digne i ode tamo ocu i — ma šta bilo, ma kakav greh nastupio — otera ga, najuri. Jer, posle ovoga, za Sofku sve se svršavalo. Ništa više nije pomagalo. Sve je propadalo. Ona je sasvim propadala, umirala. Nje, Sofke, one Sofke nestajalo je. Posle ovih para, kupovine, ona je u Tomčinim očima postajala druga, obična, neka stvar, koja se, kao svaka stvar, može novcem kupiti. Tomča, kidajući rukama zaklopac, sjuri obe ruke unutra i ne gledajući ni koju će kesu, da li sa srebrom, zlatom ili niklom, sa dvema kesama odjuri natrag, silno, iz sve snage odahnjujući. I tamo u sobi, kao neki strašan teret skidajući, baci kese. Sigurno ih je u sama prsa efendi—Mitina bacio, jer tako jetko i prezrivo viknu:

— Na!

Otac joj sa kesama kao pobeže. Ali, da se ne bi primetilo da beži, jednako se oko sebe zagledao, tobož ispravljajući svoje ugužvane čakšire.

I što bar tada ne bi pametna? Što se ne diže i zajedno sa njim, ocem, i ona ne ode? Opet bi, ma da je i najcrnje, ipak to bilo bolje nego što ostade. Jer, tek što otac ode, otuda, iz velike sobe, kujnom, celom kućom odjeknu Tomčin strašan glas, — a još strašniji je bio, jer se na nju ovamo, u sobi, odnosio, a tobož je materi govorio.

— Pa majko, nano, mi seljaci, kerpiči...

— Nemoj, sinko! Nemoj, Tomčo! Ništa nije! — čulo se uplašeno materino utišavanje...

— A? Mi kerpiči?! A oni što se za pare prodaju, kupuju, oni su sve, mi ništa. Mi kerpiči! Đubre! Aha! — i sve to bilo je tako strašio ali i sa takom nasladom, kao da se sada, posle ovoga, on nečega oslobađao, skidao sa sebe nešto što mu je, istina, bilo tako drago, milo, ali koje je njemu ipak nekako strano, tuđe, uvek se, pored sve naslade, sreće, ipak ne osećao svoj, ne bio slobodan, nije mogao da diše, glas nije imao svoj, ni pokret, ni oči, ni pogled svoj. A sve to bilo je ona, Sofka, i to ona, nekadanja Sofka, a ne ova, sada, kao svaka ženska i stvar, za pare kupljena.

— Aha! — ču Sofka kako on čisto pokliknu od neke divlje radosti i besa i brzo ga vide kod sebe.

— Ti! — ustremi se on na nju. I u tom „ti!" bilo je sve preziranje, bol, jad, uvreda. Uzalud svekrva dotrča, Sofka već oseti njegovu ruku po svom čelu i kosi, i oseti se kako pade od njegova udarca. On brzo pojuri iz sobe, da ne bi morao i mater, koja ga, trčeći za njim, poče zadržavati, od sebe nogom odbaciti, i viknu:

— Arso!

Arsa, kao puškom pogođen tim već zaboravljenim od staroga gazde surovim i zapovedničkim glasom, dotrča uplašen:

— Šta, gazdo?

— Konja, čizme očeve! — ciknu Tomča na Arsu. I sam odlete u štalu i, ne čekajući ni da se alat osedla, ni Arsa da mu čizme donese, na golog alata usede i usred dana, na zaprepašćenje čaršije i ulice kroz koju prolete, odjuri put njihovoga hana na granici.

XXXI

Docnije Tomča, smejući se samom sebi, pričao je: kako je, kada je već duboko u noć, jednako jureći na alatu, naišao kod jedne reke i nju hteo preći, više mosta, usred vode — a voda je bila tamna, sveža, opkoljena zelenilom, mahovinom i razgranatim vrbama — jasno, kao na danu, ugledao golu, raskošnu žensku kako se kupa i češlja kose i kao da ga k sebi zove. Bila je ista ona Sofka. Ali, da ga ne bi to omađijalo i on se vratio natrag k njoj, a najviša iz straha da ne bi i alat to video, od toga se uplašio, curuknuo i silom ga kući doneo — on je sav po alatu polegao. Rukama zapušio mu i oči i uši. I grizući ga ispod grive, za vratne žile, tako je silno alata ujedao, da je ovaj pojurio i u skoku prešao tu poljanu. I jureći kroz šumu, kroz tamu, zaklanjajući ga od mesečine, odneo ga u han.

Tamo, pregledavši i videvši koliko su čivčije i sluge krale, sve ih redom istukao i isprebijao. Oni čak bili kao i radosni što su tako videli da im je novi gazda ne samo kao stari, već i silniji.

I kako se tamo propio, više se ne treznio. Ciganke i seljanke jurio i čak silom, pomoću slugu, čivčija napastvovao, trista čuda čineći. Mati, svekrva, uzalud mu poruči: da se odmah otuda vrati; ili ni ona ovde kod kuće neće ostati. Stiže od njega odgovor: materi čast i poštovanje. Što god ona hoće, zaželi, neka popije i pojede. Ništa da ne žali ni štedi, ali, ako i pored toga još nešto od njega hoće, onda neka ide kud god je volja.

I Sofkin otac, efendi Mita, opet, da bi sebi dao ugled a Tomči zadao strah, samoga navodadžiju posla k njemu s porukom: da ili dolazi kući i ne sramoti ga, ili će on svoju kćer natrag uzeti. Tomča navodadžije dočeka ne može biti bolje. Ali tastu, efendi-Miti, posla „lakat" i sa njim i taku neku sramotnu reč, psovku, da se po tome videlo, kako se on sasvim okrenuo od njih, sasvim propao. Po toj psovci, gadnoj reči, videlo se da se sasvim povratio u ono doba, kada je, kao dečko, tamo sa ocem po tim hanovima sedeo i živeo sa Ciganima, raznim propalim i mračnim ljudima. Efendi Mita, više ljut što je taj lakat sa psovkom po drugome poslao za njega, a ne da mu je sam u oči rekao, posla po Sofku, da je natrag vodi. Ali Sofka odbi. Ne samo da odbi, nego ocu poruči da je više nikad za to ne dira, da je ostavi na miru i da je njoj ovde „dobro, sasvim dobro".

XXXII

Ali na tome ne ostade. Tomča, kad vide da ga više niko ne dira, još manje smeju da mu poručuju i prete, dakle da više nije dete, nego veliki, odrastao, svoj čovek, poče opet da dolazi kući. Ali kako! Uvek u noć, uvek pijan, uvek gotovo razbijajući kapiju, dok mu sluga Arsa dotrči i otvori. Čim sjaše s konja ispred kuće i uđe k njoj u sobu, a ona stane preda nj, da ga dočeka, on rukom po čelu. I od tog silnog udarca uvek u ruci njegovoj ostane njena šamija i pramenovi kose. Ali ona iz inata ni da jaukne. Izuva mu čizme. Ako se u izuvanju zbuni, zastane, on je gurne nogama i mamuzama u prsa ili u trbuh. Ne gleda kud. Toliko je silno udari, da se od njega dva koraka skljoka. Opet se ona vraća, opet ga izuva. Sluge tada moraju da beže u komšiluk, jer znaju da će ih iz puške gađati, samo ako koga primeti u kući od njih. On onda iz podruma sam dovlači piće, vino, ali najviše rakije. I zakrvavljenih očiju, besan, gledajući u nju kako ona ne preneražena, ne uplašena, nego kao sa nekom nasladom sve to trpi i čeka da i dalje produži sa njom, silom bi je gonio da sa njime pije. I to mnogo, sve samu rakiju, ljutu, prepečenu, od koje će ona opijena pasti u nesvest, da bi on nju posle mučio, ljubio. I to toliko, da je samo ona, Sofka, u stanju da otrpi. A ona je i trpela. Mogao je svu ubiti, sve joj telo izgristi, a ne samo prsa, ne bi se ona ni pokrenula, ni glasa od sebe pustila! Jedino što bi tada i ona navlaš što više pila tu rakiju, osećajući kako je ova pali i dovodi u neko ludilo od bolova, naslade.

Sutra, još u crnu zoru, čim bi se istreznio, odmah se dizao i odlazio natrag, u han, selo.

Sofka, kad bi se, ubijena i izlomljena, jedva digla i izišla posle toga u kuću, ušla u svekrvinu sobu, tamo bi nju zaticala, kako ova sva preplašena, utučena preživelim strahom od noćašnjice, ne može iz postelje da se digne. I čim vidi Sofku povezane glave, čela, i sa modricama, ona kao kiša plačući, govori joj:

— Čedo, Sofke! Idi, čedo. Ostavi ga, Sofke! Idi, idi od njega!

— Ništa, nano. Ništa. Sama sam pala i sama se ubila — zabašuruje Sofka.

— Oh, kako: sama? Sve sam čula, sinko. Idi, idi, spasavaj se. Ubiće te. A ja ne mogu da te branim, odbranim. Zato beži, čedo, idi od njega.

Ali kad Sofka nikako ne hte da ide, pobegne od Tomča i njih, onda ona svekrva čisto pobeže. Sasvim ubijena i ne mogući Sofki u oči da gleda, od stida, srama, kao da je ona za sve to kriva, po nekoliko dana ne bi je bilo kod kuće. Uvek je tobož išla na groblje, pa je, vraćajući se otuda, što do tada nikad nije činila, nailazila neku svoju seljanku, poznanicu i od te tobož silom bila zadržavana na prenoćište i sutra na ceo dan. Sofku je nje više bilo žao nego sebe. Uzalud joj je Sofka od svakoga jela, od ručka, večere, uvek ostavljala da, kad dođe, ima šta da jede, svekrva ništa ne bi okusila. Čak ni samu postelju nije dodirivala, još manje u njoj spavala, već u kutu, uglu sobe. I to sve zbog toga da ne bi prljala postelju i gužvala je, te Sofka morala ponova da je namešta, i tako ona, Sofka, i pored tolikih svojih muka i još i zbog nje da se muči i napreže. Ovako, ne ležeći u nju, ne remeteći je, mislila je da ušteđuje Sofki trud.

Uzalud joj je Sofka to prebacivala, u jutru se na nju ljutila kad bi videla da opet u postelju nije htela leći, ali ona jednako se izgovarala: da zato nije legla u postelju što joj se san razbio, te nije mogla spavati. A međutim po njenoj ugužvanoj anteriji, po njenoj šamiji, već ulubljenoj, sasvim priljepljenoj oko vrata, slepoočnjača i potiljka, videlo se da leži i spava tako obučena, i to više postelje, u kutu, na jastuku. Sofka bi na tom jastuku, presavijanom za pod glavu, sutra videla udubljenja od njenih laktova, glave, kako je po njemu nički grčeći se ležala.

— Zašta, mori, nano? Zašta ne legneš, ne raskomotiš se? Nazepšćeš, razbolećeš se — počela bi je tada Sofka na sav glas koreti, ne mogući od žalosti već da je gleda tako izguževanu, izgubljenu i potonulu u neki strah, trepet.

Ali ona bi se jednako vajkala:

— A ne, ne, čedo. Leći ću ja, leći. Nego sam sinoć zaboravila. Slučajno se naslonila na taj jastuk, pa zadremala, zaspala.

Međutim cele noći nju Sofka čuje kako ne spava. Tiho, da Sofku ne uznemiri i probudi, ide po kući, kujni, i odjednom, zaboravivši se, svom dušom jaukne:

— Oh, prokleti!

I samo to. Ni ko proklet? Da li ceo svet ili samo oni muški: i Sofkin otac, i njen muž, pokojni Marko, pa sada i ovaj njen sin, Tomča.

Mučeći tako samu sebe, jednako bežeći od kuće, pade jednom u postelju i brzo, za nekoliko dana, izdahnu. Tomča, iako mu javiše, ne dođe na saranu. Odmah posle svekrvine smrti i sluga Arsa ode od kuće. Tobož ode natrag u selo, da traži i ubije onoga Ahmeta, gazdinog krvnika, Dok u stvari otišao i on u han, kod Tomče, da se tamo nad ostalim slugama natresa, tražeći da ga, kao najstarijeg, dvore i služe, te tako Sofka potpuno sa kućom ostade sama. I to što Sofka ostade sasvim sama, ne samo da bi gore, teže, nego čak i bolje i lakše, kako za nju tako i za njega, Tomču. On, nestankom materinim, kao zaradova se, jer se oseti sasvim slobodan. Od tada on je, ne samo noću, nego i danju mogao dolaziti kući i sa Sofkom raditi šta hoće. A i za samu nju bilo je lakše, što ona, posle svakog njegovog odlaska, gotovo luda od bolova a najviše od razdraženosti, sasvim je tada ostajala sama i ne imala da strepi da će je ko onakvu gledati. Jer on, iako pijan, ipak se nije dao prevariti kao drugi muževi, kad je već grli, ljubi, nego bi naprotiv, u inat, da bi je još više namučio, onako razdraženu ostavljao, te bi ona po čitave dane i noći morala ležati, jednako odajući se piću, samo da bi se sasvim umrtvila.

Docnije, kako se pričalo, toliko je to išlo daleko, toliko je posle Tomčinog odlaska bivala luda, ne znala za sebe, da bi, onako pijana, noću padala i onda zvala sebi sluge. I zato su onda svi momci, što bi služili kod nje, morali uvek biti gluvonemi.

XXXIII

I ništa se ne desi. Još manje smrt da dođe. Čak počeše deca dolaziti i rađati se. Ali kakva deca, kakav porod! Jedini sin, prvenac, što je imao neke snage, jačine, dok su sva ostala bila sve bleđa, podbulija.

Ali to nju nije iznenađivalo. Sve joj je bilo tako jasno. Sve se, isto kao nekada, i sada ponavlja. Isto kao što od onog njihovog hadži-Trifuna njeni počeli da propadaju, tako, evo i ovde počinje od svekra joj, Marka, muža Tomče, i same nje. A bar da se njome završi, nego se eto produžava njenom decom, unucima, praunucima. I ko zna, neka njena čukununuka, koja će se možda zvati i Sofkom, biće sigurno onako lepa, bujna, kao što ona beše, a ovako će i svršiti, ovako će za sve njih platiti glavom i nju, Sofku, babu svoju, proklinjati i kosti joj u grobu na miru ne ostavljati.

* * *

Tek što je ponoć prevalila. Jedva se nazire bunar, štala, okolni zid, a ostalo se još gubi u mraku. Iz one velike sobe, kroz široke, prizemne prozore, ulepljene mestimice počađavelom hartijom, dopire žuta, mrka svetlost. U kujni svetluca mala lampica što je na stoličici blizu vrata. Gori ona tiho, mlako, šireći od sebe zadah prolivena gasa. Ma da su odavno svi po kući budni, opet se niko živ ne pokazuje niti miče. Pa ni alat, već osedlan i sa crnom, zaraslom prugom od noža na svojim već starim ali još dosta jakim belim sapima, kao da ni on ne sme da rže i kopa nogom, već polako i jednoliko grize zob u zobnici, obešenoj mu o vrat, i sa prebačenom uzdom o unkaš čeka svoga gazdu, Tomču, da iziđe iz sobe, usedne na nj i otputuju u han. A iz te sobe još se ništa ne čuje do samo šuštanje haljina, silno udaranje pete o zemlju, o pod, da bi jače nalegle čizme na nogu, i ono, posle spavanja, tupo, kratko kašljanje. Sluga stoji na pragu od kujne, temenom se oduprevši o podvratnik, leđima jako pribivši se o prag. I tako zgrčen, kao priklješten, drži u jednoj ruci bisage a u drugoj veliku i tešku postavljenu gunju. Netremice, sa strahom, pogleduje čas u onu veliku sobu, pazeći da se lampa na stoličici do vrata sobnih ne ugasi i da onda gazda izlazeći ne naiđe ovamo u mrak, čas opet ovamo, niže sebe, u sopčetu, ućutkujući probuđenu decu, koja leže ispod jorgana i, probuđena, jedno drugom prete kad koje počne glasnije da govori:

— A, a... de! Otac još nije otišao.

— Daj žilu! — ču se iz sobe Tomčin krupan glas.

Sluga brzo alatu prebaci preko sedla gunju i bisage. Provede ga i okrenu ulazu, od sedla jednu uzengiju poče tako da drži kako bi Tomča, i ne gledajući, odmah u nju mogao da metne nogu, lako da uzjaše. I držeći jednom rukom alata za uzdu, a drugom uzengiju, pognut osta čekajući.

Za malo, pa se ču škripa sobnjih vrata i teški koraci u kujni i njegov uobičajeni pri polasku govor, naredbe, pretnje, što se odnosilo ne na njega slugu, već tamo na „njih", Sofku, decu, kuću.

— Kaži onome slepcu (sinu), živ da me ne dočeka, ako čujem da se opet lunja i skita.

— Hoću, hoću! — izlazeći za njim iz sobe ču se kako Sofka odgovara slabim, ali postojanim glasom.

Sluzi zadrhta ruka kojom držaše uzengiju, jer se na pragu kujne zacrne on, Tomča. On je već bio, valjda od mnogog jela i pića, pre vremena ugojen, sasvim debeo i jak. Prsa mu gojna kao u neke žene. Usta mu se gubila u zdepast, kratak vrat i podvaljak. Obučen u široke, ne čohane čakšire, u dolamu, sa silavom, čizmama više kolena i crnom šubarom.

Onako jak i mrk, još jače odudari osvetljen ostrag onom lampom koju je Sofka uzela sa stoličice do sobnjih vrata i držala je i više svoje i više njegove glave, svetleći mu put.

Sluga, pošto još jednom baci prestrašen po- gled po konju, da nije štogod zaboravio, privede alata, gurnu onu uzengiju na Tomčinu nogu, koju ovaj beše samo podigao, pa onda brzo pređe na drugu stranu, obisnu se o sedlo, te Tomča sigurno i lako uzjaha. I kad uzjaha poče se utopljavati, zaogrćući se dobro gunjom, uvijajući noge, kolena i probajući falje na pištoljima, da nije barut ukvašen. Sluga za to vreme otrča do kapije, otvori je, i osta da drži razjapljena krila. Tomča, pošto se dobro uvi, oseti na konju sigurno, utopljeno, uze dizgine i, prekrstivši se, a ne rukovavši se sa Sofkom, pođe.

— Zbogom!

— Srećan ti put! — otpozdravi ga Sofka i osta svetleći, dok se on, odudarajući od alata, i nijajući se na njemu sigurno, jako, ne izgubi na kapiji.

Tek kada Sofka ču kako sluga tamo za njim zatvori kapiju, vrati se ona polako u kujnu, koja već beše osvetljena od ognja, što ga deca raščarkala i već se načetila oko njega, pa onako sanjiva, drljava, posuta koncima i pramenovima vune i pamuka od spavaćih haljina, zapretala bose noge u pepeo oko ognjišta, gledajući oko sebe veselo i slobodno. Sofka ih poče kao uvek grditi. Zatim uđe u onu veliku sobu i vrati se iz nje vukući za sobom jastuk, koji podvi i sede na nj pri ognjištu. Posle u jednom džezvetu pristavi kafu a u drugom poče da greje rakiju. Deca, znajući da im neće dati od toga što kuva, počeše otvarati kovčeg do zida. I podupirući svojim glavicama njegov veliki, težak i star poklopac, izvlačili su iz kovčega komađe hleba, koje su grizli nemarljivo, vitlajući se po kujni, sobi, odlazeći osobito u onu veliku, očevu, u koju do sada nisu smeli da privire, i sa nasladom otuda sobom izvlačeći jastuke, ponjave i drugo. Ona, kao da to nije ni primećavala. Pokatkad samo bi se trgla i, videvši šta rade, planula bi i udarila bi koje od njih bilo papučom, nanulom i svačim što bi našla oko sebe, i onda bi ih opet ostavljala na miru. Sluga, pošto je bio zatvorio kapiju, donese naramak drva i sede i on do ognjišta. Razuzuri se. Izu opanke i poče, zadižući i zagoljujući do kolena noge, da čisti slame iz nogavica. U tom već je i dan svitao. Modrina zore poče probijati odozgo, kroz badže, i lomiti se sa svetlošću ognja. Iz komšiluka čuli su se udarci sekira, škripa đermova, kloparanje nanula po kaldrmisanim avlijama, a iz čaršije, gde je velika kapija i kafana, na mahove poče dopirati otegnuto prodavanje salepa, i vika simidžija, i jak oštar zadah od upaljenog ugla po mangalima ispred dućana. Ovamo kroz kapidžik već počeše dolaziti iz komšiluka žene na bunar. I po graji dece videle bi da je on, Tomča, već otišao, zato, ostavljajući testije oko bunara, sasvim slobodno počeše ulaziti ovamo, kod Sofke, da piju kafu, sede, i zađu toliko u razgovor, da onda moraju iz njihnih kuća po nekoliko puta decu da šalju po njih.

Međutim sama Sofka odavno se osuši. Nekadašnja njena tanka i vitka polovina izvila se, te joj kao grba štrči i odudara od nje. Crne joj oči ušle, nos joj se izvukao i utančao, a slepoočnjače joj se izoštrile i kao prišle, stisle se jedna drugoj, samo joj usta još onako tanka, vlažna i sveža. Ide polako.

Nikada se ne žuri, već nesigurnim koracima s uvučenim rukama u nedra, te joj košulja na grudima uvek nabrana, skupljena i prljava. Nećete je nikad videti da jede. Gotovo nikad ništa. Samo što pije kafu i uvek vezuje čelo maramom, stežući jako na slepoočnjačama kolute crna luka, posute kafom. Po ceo dan tako provede sedeći do ognjišta u kujni, nagnuta nad njim, čeprkajući mašicom, odvajajući kupice ugašenog žara, onda po čistom i mekom pepelu povlačeći neke meke, nežne poteze. Iz toga ako bi je tek koja komšika trgla. Zamrsilo joj se platno i zove je da ga ona odmrsi. Sofka odmah odlazi. Na prvi pogled vidi gde je pređa zamršena, i sigurno, slobodno, ne otkinuvši ni jednu žicu, raspravi je, pa čak, kao da to nije tuđ posao, već njen, seda u razboj i produži da ona tka. Ali to biva malo. Brzo se kao umori i onda se diže i odlazi drugoj komšinici. Tako celog dana ide od kuće do kuće, provlačeći se kroz kapidžike. Izredi celu mahalu i opet se vraća kući, opet seda do ognjišta, šara po pepelu, kuva kafu i srče je polako, odmereno, oblizujući svoje izgrižene zubima i navek rumene i vlažne usne.

www.ingramcontent.com/pod-product-compliance
Lightning Source LLC
Chambersburg PA
CBHW071845080526
44589CB00012B/1121